学び直しの日常漢字

知っていそうで知らない語源の話

「学研漢和大字典」元編集長
川口久彦 著

出窓社

はじめに

日常、特に気にしないで使ったり、読んだりしている漢字で書かれている熟語（漢字語）の語源を改めて考えてみると、意外に分からないことに気付くことがある。なぜ、「親切」の意になるかなど。そんな漢字語の語源を平易に解説したのが本書である。収録した一八〇語は、私達が日常目にする身近な二字熟語（漢字語）である。紙幅の都合で十分に典拠の説明を尽くしていない憾《うら》みもあるが、その語の由来に関心をもっていただく糸口になれば幸いである。

日本語は、その独自の起源と歴史的文献資料の少なさから、漢籍語や西洋語とくらべて語源の解明は容易ではない。そのため、語源詮索が民間語源説（フォークエティモロジー）に陥りがちになる。筆者も数十年間、可能な限り日本と中国の古辞書を中心に、直接・間接に調べてみたが、完全に定説と断定できるものは多くない。しかし、だからといって放棄するわけにはいかない。日本語及び漢字の字源を通して日本語の発生を研究することは、日本語研究者として第一義の道である。

日本語と漢字の関係については、いくつかの課題がある。大和《やまと》言葉といわれる日本語への漢字の当て字の問題、原義からの転義の法則の問題、外来語の漢字表記と中国語との問題、一部の社会・地域に限って使われる俗語・方言の漢字表記の問題など、それらは、多岐にわたっており、容易に解決できる問題ではないが、今後も学習を続けていきたいと思っている。

なお、漢字語には本書で採り上げた二字熟語の他に、未曾有・有頂天・破天荒など日常広く使われている三字熟語もあるが、それらの語については次の機会に執筆したいと考えている。また、蛇足・矛盾・白眉などの故事成語の二字熟語は、本書の企画意図にはずれるので除外した。

本書は多くの先学の研究成果に負うところが大きい。いちいち、芳名は記さないが、その御研鑽に深く敬意を表し感謝するものである。なかんずく、筆者が直接ご指導いただいた、藤堂明保（元東京大学教授・中国語学）、大野晋（元学習院大学教授・日本古典語学）、岩淵悦太郎（元国立国語研究所所長・現代日本語学）の三先生の学恩に対し、深く感謝申し上げる。

巻末に本書執筆に当たり参考にさせていただいた辞典・字典類と、学術研究書の一覧を掲出した。

小著の出版に当たっては、出窓社社長矢熊晃氏に全面的に御協力をいただいた。御厚情に厚く御礼と感謝を申し上げる。

二〇一四年三月朔日

川口久彦

もくじ

以下は、私たちが日頃、何気なく使っている漢字語（漢字二字の熟語）です。いずれも身近な漢字語ですが、これらの語源をご存知でしょうか。知っているようで、意外に知らない身近な漢字語一八〇語を厳選して、その語の由来について解説しました。

しっかりと解説するために六語を一組にし、アイウエオ順に配しました。どこから読んでも楽しめますので、漢字語の読み方と成り立ちを考えながら読んでください。

なお、本文の「漢語」「仏語」「和語」「洋語」の記号は、それぞれ語源が、中国の漢字語、仏教語、日本語、外来語に由来することを表しています。また、漢字のふりがなは、音読みを片仮名、訓読みを平仮名にして区別しました。

□もとは、人が押し合うようす
挨拶

□異なる端とは何のこと?
異端

□漢語では「ケッシン」と読んだ
欠伸

□「舎」は家の意味だが…
田舎

□塩と梅は何を表す?
塩梅

□影と響は、光と音のこと
影響

【挨拶】

アイサツ

漢語 **群衆が押し合うようすが、禅宗で「一挨一拶」という語に。それが転用されて、互いに言葉を交わす意となった。**

もと、群衆が押し合いをすること。その後、禅宗で「一挨一拶《イチアイイチサツ》」という語として使われ、弟子の僧や同門の僧の悟りの程度をはかるために問答して、修行の度合いを試し合う問答の意に使われた。それが転用され、互いに言葉を交わす意となり、現代日本語の、人の近くへ寄って取り交わす儀礼的な動作や言葉の意として使われるようになったもの。「挨」は、押し合うさま、「拶」は、近づいて迫るさま。

【欠伸】

あくび

漢語 **もとは、かがむことと、背伸びをすること。日本語では、中古の「欠《あく》び」が語源。**

漢語では「欠伸《ケッシン》」と読み、「起立すれば欠伸するに足り、偃臥《エンガ》すれば（横になってふせる）、展舒《テンジョ》（のびのびひろがる）すべし」と唐代の詩人元好問《ゲンコウモン》の詩にある。「欠」は、人が口を開けて体をくぼませてかがんださまの象形文字。「伸」は、まっすぐにのばすこと。日本語としては、中古の「欠《あく》ぶ（あくびをする）」という動詞の名詞化「欠び」が語源。「見ならひするもの（見てまねをするもの）あくび」と、『枕草子』に見える。

＊【挨拶】「ご挨拶ですね」の形で、相手の失礼の言葉に対して皮肉をこめていうときにも使われる。

【塩梅】

アンバイ　漢語

もとは、調味料の「塩」と「梅酢」のこと。それが料理の味加減になり、体や物事の調子をいうようになった。

「煮物の塩梅をみる」のように、料理の味加減のことをいう。初めは文字通り調味料の「塩」と「梅酢《うめず》」のことをいい、「エンバイ」と読まれた。その後、料理の味加減をいうようになり、日本語として、体の調子や物事の具合の意味に転用され、「いい塩梅に昼から雪がやんだ」のように使われるようになった。「塩梅《エンバイ》」が「アンバイ」になったのは、「安配」「安排」「按配《アンバイ》」という別語が、意味の類似から中世末期に使われ、「塩梅」と混用されるようになったもの。

【異端】

イタン　漢語

正統の反対。初出は古く、『論語』為政篇。「端」は、そろっている、たれ下がっている端、物事の一部分。

「美術界の異端児」とか、「神の教えに背く異端者」のように使われる。学問・思想・宗教などの分野で正統として認められないことや、その学説・思想・宗教のことをいう。特に、ある宗教団体内部で正当でない信仰に対する正当者側からの言葉として使われる。初出は、「子曰《いわ》く異端を攻《おさ》むる（研究する）は斯《こ》れ害あるのみ」という『論語』為政篇の言葉。「端」には、①そろっている、②たれ下がった布の端《はし》、③物事の一部分などの意味がある。「末端」「端緒」「端正」などが語例。

＊【塩梅】『書経』に、「和羹（スープ）を作るには、塩と梅」とあり、調味料として古代から使われていたことがわかる。平安時代の『色葉字類抄』に「エムバイ」とある。

【田舎】 いなか 和語

もとは、田の中の家の意。日本語では、都から遠く離れた地方の意となった。

漢語としては、①「田舎《デンシャ》」と読み、田地と宿舎、②いなかの家のこと。杜甫《トホ》の詩「田舎」は、その意。日本語では、都から遠く離れた、田畑や山林の多い地方のこと。語源は『和訓栞《ワクンのしおり》』が、「田居《たゐ》の中といふにや」と疑問の意を示しているが、その説を受けて、「田居中《たゐなか》」の略とするのが多い。『万葉集』（三巻・三一二）に、「昔こそ難波《なには》居中《ゐなか》といはれけめ今は京《みやこ》引き都びにけり」とある。「舎」は、やど、家の意なので、田を作るために建てられた家の意も含まれているのかもしれない。

【影響】 エイキョウ 漢語

形があれば影があり、声があれば響きがある。原因があれば、それによる変化が生じること。

中国古典では古くから文字通り「影」と「響」、光と音の意として使われていた。それが、「形影相依《ケイエイソウイ》」の語例のように、形があれば影があり、声があれば響きがあるとして、原因となるものがあれば必ずそれによる変化が生じることの意に転用された。日本では明治時代に、井上哲次郎の『哲学字彙《ジイ》』（一八八一年）でinfulenceの訳語の一つとして使われ、現代の意味が定着した。坪内逍遥《ショウヨウ》の『当世書生気質《かたぎ》』の中で、「君の精神上に、たいした影響を及ぼさない事であれば」と使われている。

＊【田舎】 奈良・平安時代には、都の外部はすべて「いなか」といった。

□「回《エ》」は古い漢字音

回向

□柔らかく曲がったもの

婉曲

□軽く頭を下げること

会釈

□往って生まれ変わること

往生

□もとは「因縁生起」の意

縁起

□もとは「押柄」という日本語

横柄

【回向】
エコウ　仏語

「回向」は、サンスクリット語の漢訳語。仏教で、自身の善根の功徳を他に施すこと。

七月十五日、または八月十五日は盂蘭盆《ウラボン》で、日本各地で故人の冥福を祈る供養が行われる。「回向」とは、古代インドの文章語であるサンスクリット語parināmaの訳語。原義は変化・転換・発展など意で、仏教では自分の修めた功徳や善根を他に回（めぐ）らし向けて、自他ともに救われるようにする意味として使われた。自身の善根の功徳を他に施すことの意。「回《カイ》」を「回《エ》」と読むのは、古い漢字音の呉《ゴ》音《オン》で、「供《ク》養」「帰依《エ》」「極《ゴク》楽」「勤《ゴン》行」など仏教語に多くみられる。

【会釈】
エシャク　仏語

本来は、仏典の中の異説を解釈して、真実の意味を明らかにすること。その後、心配することになり、今の意味に。

軽く頭を下げて人にお辞儀をすることで、仏教語の「和会通釈《ワエツウシャク》」の略。本来は、仏典の中の異なっていると思われる説を解釈して、真実の意味を明らかにすることといわれている。そこから、あれこれ思い合わせて心配すること→頭を下げて挨拶をして礼をすることの意味に転用された。「会」は、心にぴったりとあう、かなうという意味で、「会得」「理会」などに、「釈」は、固めた物や、わからない部分の一つひとつを解きほぐすという意味で、「解釈」「釈然」の語例となっている。

＊【回向】　サンスクリット語は、仏教の守護神梵天（ボンテン）がつくったという伝説から「梵語」ともいう。インド・ヨーロッパん語族に属する古代インドの文章語。

【縁起】

エンギ　仏語

もとは、仏教語で、サンスクリット語の漢訳語。「因縁生起」の意で、因縁によって万物が生じることが原義。

①神社や寺の由来についての伝統、また、それに関係することを記した書画のこと。「信《シ》貴《ギ》山《サン》縁《エン》起《ギ》絵《え》巻《まき》」。②よい事や悪い事が起こりそうなきざし。また、先行きの吉凶を判断するもととなるもの。「縁起かつぎ」「縁起でもない」など。この語は元来、仏教語で、サンスクリット語の漢訳語。「因縁生起」の意で、因縁によって万物が生じることが原義。釈迦の悟りの内容の表明とされる仏教の根本教理の一つ。それが、日本語では近世以降、前述の意味として使われるようになった。

イワシの頭とヒイラギ

【婉曲】

エンキョク　漢語

「婉」は、女性のしなやかであるさま。「曲」は、「直」の対義語で、曲がって入り組んでいるさま。

「夗《エン》」は、二人の女が体をしなやかに曲げて、まるくかがんでいるようす。「婉」は、女性のしなやかであるさま。「媛（しなやかな姿の女性）」、「腕（まるく曲がる手首）」などと同系の漢字。このことから、「婉曲」とは、もの柔らかく、角がたっていないさま→遠回しにするようすを表す漢語。「曲」は、「直」の対義語で、まがって入り組んでいるさまの意の漢字。そのことから、「婉曲」には、言葉や態度がもってまわっていて、素直でない意が元は含まれていたのかもしれない。

【往生】

オウジョウ　仏語

原義は、この世の命が終わって極楽浄土に往って生まれ変わることだが、その後、単に死ぬ意になった。

一般的には、①「死ぬ」こと、②どうしてよいかわからなくて困ることなどをいう語だが、原義は仏教で、この世の命が終わって極楽浄土に往（い）って生まれ変わることをいう。近世にその意味から転用し、単に「死ぬ」の意として使われるようになった。②の意は、「立ち往生（立ったまま死ぬ）」の語から生まれた。武蔵坊弁慶《ベンケイ》が衣川《ころもがわ》の戦いで全身に矢を受けながらも、立ったまま死んだという故事から生まれたといわれる。

【横柄】

オウヘイ　和語

日本語の「押柄」を音読して生まれた言葉。その後「押」を「横」に当てて読むようになった。

相手に対して押しが強く威張った態度をとるようすのこと。押しの強い性質という意味の「押柄《おしがら》」という日本語を、「押柄《オウヘイ》」と音読して生まれた言葉である。十二世紀初めに成立した『今昔物語』には、「身の才賢かりければ唐《から》の事も此の朝《チョウ》（日本）の事も皆吉く知りて思量《おもんぱか》り有り肝太くして押柄《おしがら》になむありける」とある。その後、「押」を「横暴」や、「横行」と同意の「横」に当てて読まれるようになった。態度が大きい意味から「大柄」とも表記された。

＊【往生】　本来は「圧状（オウジョウ）」と書き、おどしてむりやりに書かせた証文という別語で、そこから、「まいってしまう」の意が出たという説もある。

□
読み方は宗派によって違う
和尚

□
「格」とは、何を表す?
格差

□
もとは途方もなく長い年月
億劫

□
還暦の次の年のこと
華甲

□
「まったく～ない」と使われる
皆目

□
もとは「果物」のことをいった
菓子

【和尚】

オショウ

仏語

サンスクリット語を音写したもので、仏法の教師の意。宗派により、「カショウ」「ワショウ」「ワジョウ」と読む。

修行を積んだ高僧を敬っていう語だが、一般的には寺の僧のこと。もともと、サンスクリット語upādhyāyaを音写したもの。鄔波駄耶《ウパダヤ》・和闍《ワジャ》・和上《ワジョウ》とも書かれ、仏法の教師の意。「和尚」の読み方は宗派によって違いがあり、禅宗・浄土宗では「オショウ」、天台宗では「カショウ」、浄土真宗では「ワショウ」、真言宗・律宗では、「ワジョウ」と区別している。意味はすべて同じ。

【億劫】

オックウ

漢語

「劫」は、サンスクリット語 kalpa の音訳語。古代インドの最も長い時間の単位で、億劫はその億倍。

もとは仏教語で、「オクゴウ・オクコウ」と読み、想像もできないほど長い年月のことをいった。「劫《コウ》」とは、サンスクリット語のkalpaの音訳語の「劫波《コウハ》」のことで、古代インドの時間の単位で最も長いもののことである。四〇〇立法メートルの石を天女が薄い衣で百年に一度撫《な》でて、その石が摩滅するまでの時間のことといわれる。その一億倍が「億劫」で、そのことから、時間がかかって、それをするのに気が進まない様子や面倒であることをいう語として使われるようになった。

＊【和尚】　類語として、「住職」「方丈」「坊主」などがある。「住職」は、「住寺の職」の意で、寺の長である僧のこと、「方丈」は、一丈四方の室の意から禅宗で僧のこと。

【皆目】

カイモク

和語

下に打ち消しの語を伴って使われる日本漢字語。語源は、「皆無垢」からと言われている。

「皆目見当もつかない」のように、下に打ち消しの語を伴って使われ、「まったく、まるっきり」という意味の日本漢字語。室町時代ごろから使われ、狂言や近世の浮世草子などに用例が見える。語源は、「皆無垢《カイムク》」からと考えられているが、定説にはなっていない。日本語をポルトガル語で解説した『日葡《ニッポ》辞書』（一六〇三年）に、「Caimucu（カイムク）」とあり、その説明には「Chittomo（チットモ）」に同じ」としてあるので、「カイムク」が転じたものと考えられる。

【格差】

カクサ

和語

「格」とは、人や物などの資格・等級・品質・地位などの格づけのこと。その差が格差。

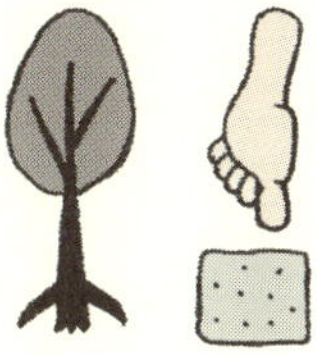

選挙で一票の格差が問題になっている。「格差」の意味を『広辞苑』（第六版）では、「価値・資格・等級などの差」としているが不十分。『学研現代新国語辞典』（改訂第五版）の「資格・等級・品質・地位などの格づけの差」の方がよい。「格」とは、「各（歩いていた足が、かたい石につかえて止まる）」と「木」から成り、つかえて止めるかたい棒の意→動きを止めるきまり、人や物などの位置づけの意となったもの。つまり、人や物などの位置づけが不揃いであることをいう。

＊【億劫】　囲碁の「劫」も、黒石と白石とが、一つの石を互いに取り合うことを繰り返して際限がないことから名づけられたもの。

【華甲】

カコウ　漢語

干支《えと》が一まわりした次の年、六十一歳のこと。「傘寿」や「米寿」などの考え方の元になったもの。

数え年で六十一歳のこと。日本では一般に「還暦」または、「本卦《ホンケ》がえり」といわれるが、中国では「華甲」という。六十年で干支《えと》が一まわりして、再び生まれた年の干支にかえることからいう。「華」という漢字を分解すると、六つの「十」の字と「一」になり、六十一を表すことからいうようになったもの。「甲」は、干支の一番目の「甲子《きのえね》」のこと。日本の「傘寿《サンジュ》（八十歳）」、「米寿《ベイジュ》（八十八歳）」などは、それにならったもの。（→67ページ）

【菓子】

カシ　漢語

「菓」は、木や草の食べられる実。「子」は、「小さいもの」という意の接尾語。

木の上に実がなっているさまを描いた象形文字が「果」である。「菓」は、それに「艹（草冠）」を付け、木や草の食べられる実を表したもの。「菓子」とは、もとは「果物」のことをいった。「子」は、「小さいもの」の意の接尾語。平安時代、中国との交流が盛んになり、米や麦の粉で団子が作られるようになり、室町時代以降、食事以外の食べる嗜好品をさすようになった。「果物」がもっぱら「果実」の意に用いられるようになったのは江戸時代中期以後といわれている。

＊【菓子】　江戸時代以後、「菓子」と区別するために果物のことを「水菓子」というようになった。「菓子」は「果子」とも書かれた。

漢字の径《こみち》①

漢字は、いつ、どこで作られたのだろう

最古の漢字は甲骨文字

十九世紀末、中国の河南省安陽《アンヨウ》県小屯《ショウトン》村で、亀の腹の甲羅《コウラ》(「亀甲《キッコウ》」)や、動物の肩甲骨《ケンコウコツ》(獣骨)に鋭い刃物で刻みつけられた五万点余りの破片が発見された。これを「甲骨《コウコツ》文字(甲骨文)」という。その場所は司馬遷《シバセン》が『史記』の中で殷墟《インキョ》と名づけた所で、紀元前一三〇〇年ごろから一〇〇〇年にわたって約二八〇年間、殷の都が置かれていた。その場所で使われていたのが甲骨文字である。現在までに約三〇〇〇点ほど発見されているが、全部は解読されていない。甲骨文字は何のために作られ、どのように使われたのだろうか。

鋭い刃物で文字が刻まれた亀の腹の甲羅(殷代、紀元前16〜紀元前11世紀、河南省安陽市小屯村出土・複製)

鋭い刃物で文字が刻まれた獣骨(殷代武丁期、紀元前14世紀頃・複製)

殷の王は先祖代々、神を畏《かし》こみ、日常万般のことを神に伺いを立てて決めていた。たとえば、「明日は雨が降るか」とか、「明日の戦争で上帝が自分たちを守ってくれるか」などといった国の

一大事まで占った。その際、甲骨や獣骨に小さな穴をあけ、そこに焼け火箸を突き込むと甲骨や獣骨が割れる。その際にできるトやイなどの形をした割れ目を描いた物が「卜《ボク》」という漢字であり、〇の形に割れた物を描いたものが「兆（きざし）」という漢字である。その割れ目形によって吉凶を判断した理由を甲骨の余白に刻みつけ保存しておいた。それが時を経て、一八九〇年代に発掘され甲骨文字研究が始まったのである。

それでは、殷墟の甲骨文字以前に漢字は存在しなかったのであろうか。プレ甲骨文字はなかったのか。一九九二年十二月、中国山東省鄒平県丁公《スウヘイケンテイコウ》村で陶器の破片の断片に刻まれた文字らしいものが発見された。陶片は幅七センチミリほどの大きさで、表面が十一に分かれている。紀元前二三〇〇年ぐらいの物と推定された。これが現存する最古の漢字かもしれないと大きなニュースになった。しかし、それが文字として通用していたかどうかは、現在のところわかっていない。現時点では確実に最も古い漢字といえるのは「甲骨文字」である。

初めて「漢字」を研究した人

中国最古の漢字字典『説文解字《セツモンカイジ》』の中で、後漢の学者許慎《キョシン》（三〇?〜一二四?）は、蒼頡《ソウケツ》（倉頡とも）という史官が鳥獣の足跡を見て初めて漢字を創出したと書いている。この話はいうまでもなく伝説にすぎない。

『説文解字』は、九三五三の漢字を収めていて、漢字の成り立ちについて六つの分類によって解説している。これを「六書《リクショ》」（→151ページ）といい、その後、甲骨文字が発見されるまで漢字の成り立ちと字義について初めて解説した字典だった。

□ それを見て、故人をしのぶ物

形見

□ 点を合わせることだが…

合点

□ 喝は大声のことだが、采は？

喝采

□ 「割」は割くこと。「烹」は？

割烹

□ なぜ台所の意味に？

勝手

□ 「因果応報」の略語だが…

果報

【形見】

かたみ　和語

故人や別れた人の形として見る物か、本体の身代わりの物か、あるいは身体の一部のことか。

死んだ人や別れた人が残しておいた物で、それを見ることによって、その人をしのぶ材料となる物。『大言海』は、語源を故人や別れた人の形として見る物と説明している。しかし、民俗学者の折口信夫《おりくちしのぶ》は、「身の形の逆語序」であり、本体の身《み》代《が》わりが「形身」であるとしている。つまり、身代わり物を身に着けることで、その霊魂が保持できると考えている。これとは別に、身体の一部のことの意の「片身」から出ているという説を民俗学者の鈴木棠三は述べている。

【喝采】

カッサイ　漢語

もとは、中国で声を掛けて「采《サイ》（さいころ）」を振ったことから出たもの。「采（採の原字）」は、「賽《サイ》（さいころ）」と同音。

歓声や拍手で相手を褒めそやすこと、また、その声や音のこともいう。この語はもと、中国で声を掛けて「采《サイ》（さいころ）」を振ったことから出たものである。「喝」は「恐喝《キョウカツ》」「喝破」の語のように、のどが涸れるほど大きな声で怒鳴ったり、叱ったりすることが原義で、そのことから禅宗で妄想や邪見を叱るときに発する声もいう。「采（採の原字）」は、「賽《サイ》（さいころ）」と同じで、同音で、しかも物をつかみ取るという意味をもつ「采」を、さいころの意味として使うようになったもの。

＊【喝采】　すごろくをするとき、傍から加勢するために大声ではやすこと。

【勝手】

かって　和語

「自分にとっての都合がよい」の意味から、家庭内で自分が思うままに振舞うことができる場所の意になった。

「台所」のことで、「使い勝手」「自分勝手」などの「勝手」が原義だと考えられている。「かつ」には、「～ができる」「～をするのにたえる」の意味があり、「て」は、「てだて、方法」の意味である。このように、「自分にとっての都合がよい」の意味から、家庭内で自分が思うように振舞うことができる場所である「台所」の意味として使われるようになったものと思われる。一方、武士が弓を引く右手を「勝手」といい、右手が都合がよいことから転じたという別の説もあるが、疑問もある。

【合点】

ガッテン　和語

もとは、文字通り、和歌や連歌などで、判者が付けた批評の点数を合計することだった。

「その話はどうしても合点がいかない」とか、「早合点して失敗した」のように使われる言葉で、もと、和歌や連歌などで判者が付けた批評の点を合わせることをいった。鎌倉時代に成立した説話集『古今著聞集』に出ている「合点して褒美《ホウビ》の詞《ことば》など書き侍る」は、その意味として使われている。その後、役所などの回状で、その文章に同意したしるしに「ヽ」という印を自分の名前の肩に付けたことから、現在の「承知」の意味となった。

＊【勝手】「勝手」は当て字で、「糧(食)」の古い形「かりて」の音便によるもので、台所・生計の意に使うのはその転義という説もある。

【割烹】カッポウ　漢語

「割」は、「刂（刀）」で物を割くこと。「烹」は、「灬（火）」で物を煮る」という意味。

繁華街などで、「割烹料理」という看板を見かけることがある。「割烹」の「割」とは、「刂（刀）」で物を割《さ》くことを表した漢字である。『論語』の中に「鶏を割《さ》くに焉《いずく》んぞ牛刀を用いんや」という有名な言葉が使われている。「烹」の下部の「灬」は、部首で烈火《レッカ》・連火《レンガ》と呼ばれるように、「火」の字が変化したものであるから、「烹」という漢字は、「火で物を煮る」という意味である。日本語としては、広く食物を調理すること、特に、魚や煮物などの「和風料理」の意味に使われている。

【果報】カホウ　仏語

もとは、報いの意。それが、のちに運にめぐまれ、しあわせであるという吉報に変わった。

「因果応報」を略した語といわれる。以前におこなった行為の結果を原因として、現在に受ける報いという意。『今昔物語』の「前の世の果報なれば、観音の力及ばせ給はぬこそは」とあるのは、その意味。それが、室町時代末ごろから運にめぐまれて、しあわせであるといった吉報と同じような良い意味に用いられるようになり、「果報は寝て待て」とか、「果報者」などと使われるように変化した。なお、梵語の漢訳語ともいわれる。

＊【合点】　連歌や俳諧で、歌や句に点を付ける人のことを「点者」といった。その代表的人物が柄井川柳。その評点が有名になったため、「川柳」という語が生まれた。

□ 「慢」とは何のこと?

我慢

□ 光を観ることが、本来の意味

観光

□ 「唐紙障子」の略

唐紙

□ よく考えて調べることだった

勘弁

□ 現金に代わる決済のことだが

為替

□ 高い給料のことだが…

貫禄

【我慢】

ガマン　仏語

仏教では、思い上がりの心を「慢」と呼ぶ。その一つが「我慢」で、人間につきまとう煩悩の一つ。

「慢」とは、サンスクリット語のmānaを音訳したもの。仏教では自分自身を高く見て、他人を軽く見る思い上がりの心を「慢」と呼び、三慢・七慢・九慢などを例として説明している。その七慢の一つが「我慢」で、人間の心身につきまとう煩悩。自我意識から起こる慢心のこと。現代の「我慢強い」「やせ我慢」のように、自己を抑制して辛いことを耐え忍ぶ意味になったのは、江戸時代以降のこと。「我」がある程度強くないと、辛いことを忍ぶことができないからと考えられている。

【唐紙】

からかみ　和語

日本家屋の建具に欠かせない「唐紙障子」の略。今では「襖障子」と同じ意味で使われている。

最近、都会では洋風化した住宅やマンションが多くなり、あまり見かけなくなったが、日本家屋には欠かせない建具の一つである。「唐紙障子《からかみショウジ》」の略で、今では主に布地を張った「襖《ふすま》障子」と同じ意味で使われている。名前の由来は、中国から輸入された書画用の紙である「唐紙」に似た紙を張ったことによる。「唐《から》」とは、古くは朝鮮や中国のことをさした語で、後に広く外国から渡来した人物や物のことを表す接尾語となり、「唐衣《からごろも》」「唐物《からもの》」などと使われた。

＊【唐紙】「唐」をなぜ「から」と読むようになったかは、「韓」から転じたとする説が有力である。

【為替】

かわせ

和語

手形、小切手などのこと。中世以降、よく使われた手形による送金方法で、「替と為す」と読んだ。

約束手形（見本）

現金を送る代わりに、手形、小切手などによってよってすませる方法。また、その手形、小切手などのこと。漢文法では、「為」という漢字は、「～と為《なす》」と訓読し、「為替」は、「替《かはし》と為《なす》」と読む。動詞「替す・交わす（交換する）」の連用形「かはし」を名詞化したもの。中世以降、手形による送金として、「為《か》替《はし》」の語が多く用いられた。江戸時代の井原西鶴の作品などには「為替銀」の語が多く出てくる。なお、業界用語で、「外国為替」の略として、「外為《ガイため》」の語も使われている。

【観光】

カンコウ

漢語

もとは、国の栄えている様子を観察すること。日本では、明治末から大正時代にかけて使われ始めた。

富士山が世界遺産に登録され、山梨・静岡両県が商機到来と観光に力を入れ始めた。この漢語は古く、中国周代の『易経《エキキョウ》』が初出である。「国の光を観る。用《もっ》て王に賓《ヒン》たるに利あり」。国の栄えている様子を観察するということである。そのことから、国の政治や風俗などを観察する意味に用いられるようになった。日本ではこの意味では、「物見」とか「遊山《ユサン》」「行楽」などの言葉が使われ、明治時代までの辞典には見られないので、明治末から大正時代にかけて使われ始めたようである。

＊【為替】『日葡辞書』の「Cauaxi」の項には、「交換、または、為替」とある。
＊【観光】「遊山」は、もと「山に遊びに行くこと」で「ユウザン」と読まれた。

【勘弁】

カンベン　漢語

もとは、物事をよく見極めて考えるという漢語。後に、相手の過ちの原因を考えて許すという意味になった。

現在では専ら他人の過失や罪を許すという意味で使われるが、もとは物事をよく見極めて考えるという漢語である。「勘」は、「勘案《カンアン》（比べ合わせて考える）」のように、よく考えて調べるという意味。また、「弁（辨）」は、「弁別（見分ける）」「弁理（区別して処理する）」のように、けじめをつけて分けるという意味。一方、禅宗では、相手の悟りの程度を確かめて見定めるという意味で使われた。その後、相手の正体を勘《しら》べ弁《わきま》える→相手の過ちの原因を考えて許すという意味になった。

【貫禄】

カンロク　和語

何貫もの禄をもらうような高い身分になったことから、その人に備わった威厳という意味に変わった。

その地位にふさわしいと感じられる風格や威厳のことで、日本製の漢字語。「貫」とは、重量の単位を示す漢字だったが、鎌倉時代以降、知行高《チギョウだか》の単位をいうようになった。一貫は十石《コク》（米一・八キロリットル）。「禄（祿）」は、「示（神をまつる祭壇）」と、「彔《ロク》（刀で物や木を削り取る）」から成り、神様やお上から庶民に下されるおこぼれ→主人からもらう扶持米《フチマイ》（俸給）のこと。何貫もの俸給をもらうような高い身分になったため、その人に備わった威厳の意味で使われるようになった。

一貫は米俵約25俵

＊【勘弁】　室町時代の『夢中問答』という書物には、「古人の詞を批判し、学者を勘弁すること」と使われている。

□「化に帰し、義に慕う」

帰化

□「毫」は筆のこと、「揮」は？

揮毫

□機械から組織の意に

機関

□正式には「郵便切手」という

切手

□もとは「譏嫌」と書いた

機嫌

□今は演劇用語だが

脚色

【帰化】

キカ　漢語

もとは、君主の徳に感化されて民が帰服すること。後に、他の国籍を得て、その国の国民になることの意になった。

この言葉は、古代中国で、君主の教化が及ばない地の民が君主の徳に感化されて帰服することをいった漢語である。後漢時代の『論衡《ロンコウ》』という書物に、「化に帰し、義に慕う」と出ている。後に、他の国の国籍を得て、その国の国民になることをいうようになった。「帰化人」とは、主として古代に中国大陸や朝鮮半島から渡来し、日本に定住した人々のことをいうが、「帰」は帰服、「化」は徳化の意があり、現代にそぐわない点があるので、最近では渡来人というようになっている。

【機関】

キカン　漢語

古くは機械を表した漢語が、明治時代、英語の organ の訳語として使われ、意味も変わった。

中国で古代から使われた漢語。動く仕掛けと止める装置のついた機械のこと。それが後に、心のはかりごとの意に転用された。日本語としては、禅宗で教え導くための方法をいうようになった。明治時代、英語のorganの訳語として、「内燃機関」のように機械を動かしたり、火力・電力などのエネルギーを利用して、機械エネルギーに変える装置をいう語となり、ある目的を達するための手段として設けた組織の意として、報道機関・金融機関・医療機関・機関誌のように広く使われている。

医療機関がつくる。
医介複

＊【機関】「organ」の訳語としては、「器官」の表記もあった。

【機嫌】

キゲン

漢語

本来は「譏嫌」と書かれ、世間から受ける譏りや嫌悪の意味で使われた。その後、その場の気分・ようすの意味に。

「つい余計なことを言って課長の機嫌をそこねた」とか、「幻の銘酒をいただき父はご機嫌です」のように使われ、快・不快の気分をいう漢語である。現在は「機嫌」と書くが、本来は「譏嫌」と書かれ、①世間から受ける譏《そし》りや嫌悪。後に、②他人の思惑や意向、③他人の意向を推察して行うべき時機、潮時の意味に転じた。『徒然草』には、「世に従はん人は、まづ譏嫌を知るべし」とある。そしてさらに、④その時、その場の気分・ようすの意味として用いられるようになった。

【揮毫】

キゴウ

漢語

「毫」は、筆。「揮」は、手をまるく振り回す意。「揮毫」は、毛筆を使って書画を書くこと。

「揮」は、手をまるく振り回す意。「毫」は、伸びた細い毛。転じて、筆の穂は細い毛で作ることから、筆のこと。「揮毫」とは、毛筆を使って書画をかくこと。また、その書画。「揮《ふるヒテ》レ毫《ふでヲ》落《トセバ》レ紙《に》如《ごとし》二雲烟《ウンエンの》一」と、杜甫の「飲中八仙」の詩にある。なお、「毫」は、一本の細い毛の意味から、きわめてわずかなことをいい、「その件については、毫《ゴウ》も恥じることはない」のように、打ち消しの言葉を伴って使われる。

＊【機嫌】『十訓抄』の「譏嫌をはばかりてやはらかに諫（いさ）むべし」はその意味で、これは現代の使い方と同じである。

【切手】

きって　和語

「切符」の「切」と、「手形」の「手」を組み合わせたもの。もとは、通行手形や金銭の預り証文の意。

「郵便切手」の略。一八七〇（明治三）年、時の駅逓頭《エキテイがしら》の前島密《ひそか》が、postage stanmpの訳語として使った語。この語は、もと「切符（切り符）」の「切」と、「手形」の「手」を組み合わせたもので、通行手形や金銭の預り証文や受取証の意味として、中世から使われていた。「商品切手」の略として、「商品券」の語も広く使われている。

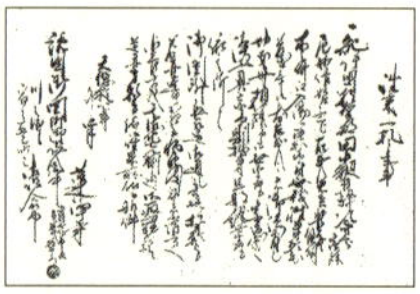

関所通行手形（江戸時代）

【脚色】

キャクショク　漢語

もとは、古代中国で官吏登用試験の際に提出した履歴書のこと。それが、演劇の役柄や扮装の意味に変化した。

もともと、古代中国で科挙《カキョ》（官吏登用試験）の際に提出する履歴書のことをいった漢語。それが、元代以降、劇中の役柄や扮装の意味に転じて使われるようになった。日本では江戸時代に狂言などを創作することや、芝居の脚本の意味として使われるようになり、明治以降、小説を基にした台本のことをいうようになった。なお、「脚本」は、小説や物語などを演劇・映画・放送用に書きかえる本という意の日本製の漢語。

＊【脚色】　江戸時代には歌舞伎や浄瑠璃の上演用の台本のことは「正本」（ショウホン）とか、「根本」（ねホン）といっていたが、明治末になって使われるようになった。

漢字の径《こみち》②

漢字はいくつあるのだろう①

漢字の数

現在、知ることのできる漢字の数はどれくらいあるのだろうか。現在、もっとも多くの漢字を載せている中国の『中華字海』という字典は、八万五〇〇〇字、同じく中国の『漢字大字典』は、六万三七〇〇字を収めている。

日本で出版されている漢和辞典では、『大漢和辞典』（諸橋轍次編・大修館書店）が最大で、四万九九九六字を収めている。なお、日本の漢和辞典の字体の基本となった清代の『康煕《コウキ》字典』（一七一六年）は、四万七〇三五字である。しかし、そのうち約二万字は、わずかに字形が異なるだけで、字義も字音もまったく同じである。このような漢字のことを「異字体」という。

漢字の字種

一九四六（昭和二十一）年以降、現在まで実施された日本の国語施策の中での字種に次のようなものがある。

「当用漢字表」……一八五〇字

一九四六（昭和二十一）年十一月十六日、内閣告示された漢字表。この漢字表によって「法令・公用文書・新聞・雑誌および一般社会で使用する漢字の範囲」が示された。

「当用漢字別表」……八八一字

「備考漢字」……一一五字

一九四八（昭和二十三）年二月六日、内閣告示。「国民教育のおける漢字学習の負担を軽くし、教育内容の向上をはかるためには、わが国の青少年に対して義務教育の期間において読み書きとも必修せしめるべき漢字の範囲を定める必要がある」とし、「当用漢字表の中で、義務教育の期間に、読み書きともにできるよう指導すべき漢字の範囲」として『当用漢字表』の一八五〇字から八八一字が定められた。この『当用漢字別表』は、後に発表される『学年別漢字配当表』において、細かく告示されるようになった。

「学年別漢字配当表」……八八一字→一〇〇六字

一九四六（昭和二十一）年以降、それまでの小学校令施行規則に代わり、学校教育法施行規則に基づき文部省告示の『小学校学習指導要領』が用いられるようになった。また、教科書はそれまでの国定から検定となり、表記に関して統一されるようになった。

それをふまえて、一九五八（昭和三十三）年に改定された『小学校学習指導要領』に、『学年別漢字配当表』（八八一字）がつけられた。これは別名、「教育漢字」「学習漢字」と呼ばれている。

その後、一九六八（昭和四十三）年に改定された『小学校学習指導要領』において、『当用漢字別表』以外の当用漢字の中から一一五字が選ばれ、小学校六年生に配当された。それは「備考漢字」と呼ばれ、学年配当漢字は合計九九六字となった。

さらにまた、一九八九（昭和六十四・平成元）年三月に発表された『小学校学習指導要領』では増減があり、結局一〇字増えて、現在は一〇〇六字となっている。

☐ 「急」は「緊急」、「須」は「必須」

急須

☐ 本来は、「器の容量」のこと

器量

☐ 今は相撲に残っているが

行司

☐ 「行」とはどういう意味？

銀行

☐ 「享」の訓読みは「うける」

享年

☐ 煩悩の三毒の一つという

愚痴

【急須】

キュウス　漢語

酒の燗《カン》をするための器が、のちに薬草を煎じるために使われるようになったもの。急場の時に必要だった。

煎茶《センチャ》を淹《い》れるのに使う取っ手と注ぎ口の付いた小型の器。もと中国で酒の燗《カン》をするための注ぎ口の付いた鍋のことをいったが、のちに、その中に薬草を入れて湯を注いで煎《セン》じるのに使われるようになった。「急」は、「緊急」、「須」は、「必須（必ず須《もち》いるべきこと）」の意味で、さし迫って急いで必要とすること、また、急場のときに必要である物のことだった。それが日本では、急いで湯を沸かす器の意味になった。「急須」は、「吸水」「吸子」または、「急焼」「急備」とも書かれた。

【行司】

ギョウジ　和語

古くは、ある事を主として執り行うことや、事を執り行う担当者の意。近世には、町会や商人仲間内でも使われた。

相撲で、力士を立ち合わせ、その勝負の進行や判定などを行う役。また、その役の人。この語は、中世以降、ある事を主として執り行うことや、その担当者を広く、事を執り行うことの意で「行事」といったことから出たといわれている。江戸時代、町内や商人仲間の代表として事務をあつかった人のことを「行司」といい、「月行司」「年行司」などの語としても使われるようになった。

＊【急須】　地方によって、「キビショ・キビンショウ・キビス・キビンチョウ」などとも呼ばれている。「キビンショウ」は、福建語の「キブショウ」からきたといわれる。

【享年】

キョウネン　漢語

「享年」は、「天から享けた寿命の年数」あるいは「亡くなった時の年」の意。

新聞紙上で、その人の没年のことを「享年○○歳」とするのは正しくないという記事を読んだことがある。「享年」とは、「天から享《う》けた寿命の年数、亡くなった時の年」の意だから、「歳」は不要であるという主旨であった。「享年」と同じ意味の漢語に「行年《ギョウネン》」がある。『荘子』に、「是《これヲ》以《テ》行年七十《ナルモ》」と出ている。書画の落款《ラッカン》に、行年と氏名を記したものを「行年書《がき》」という。

【器量】

キリョウ　漢語

もとは、「器の容量」。後に、器の中に入っている才能、また、その人物のことをいうようになった。

現代では、主として女性の顔立ちや容姿のことをいう言葉だが、本来の漢語の意味は、文字通り「器の容量」のことである。「器（器）」とは、㗊（□四つ。多くの入れ物）と、犬（古代、犬は犠牲として供せられ、うつわの中に入れられた）」で、多くの入れ物、食器を表した。後に、うつわの中に入っている才能→人の地位、役目にふさわしい才能、また、その人物のことをいうようになった。中世まではほとんどその意味で使われ、『平家物語』に、「笛のおん器量（名人）」など出てくる。

＊【器量】　江戸時代後期の読み物には、「気量」「容儀」などの漢字が当てられている。この用法は、「社長の器量のある人物」のように現在でも使われる。

【銀行】

ギンコウ　漢語

「行」は、一列に並んだもののことで、同業組合や大きな商店が道に並んでいることを表す。

「銀」とは金貨、銀貨のことだが、「行」とはどういう意味だろう。「行」には、「行列」「行伍（軍隊の隊列）」のように、一列に並んだものの意味がある。そのことから、同業組合や大きな商店が道に並んでいることをあらわすようになり、「洋《ヨウ》行《コウ》（西洋人が経営する商店）」のように使われるようになった。つまり、「銀行」とは、主として金銭のことを扱う商店のことをいった。明治時代に、英語のbankの中国語を借用して日本でも使われるようになった言葉である。

【愚痴】

グチ　仏語

サンスクリット語の訳語。人の善心を害する根本的な三つの煩悩である三毒の一つ。

「愚痴をこぼす」や、「愚痴る」などの意味で使われるようになったのは近世からで、本来は、ものの道理を解さないという意味。後漢時代、迷信を論理的に否定した王充《オウジュウ》の『論衡《ロンコウ》』の中で使われている。しかし、広く使われるようになったのは、仏教語として使われてからである。サンスクリット語のmohaの訳語で、人の善心を害する根本的な三つの煩悩である三毒の一つとされた。三毒とは、貪欲《トンヨク》、瞋欲《シンヨク》（怒ること）、愚痴（道理やものごとを正しく判断することができないこと）である。

＊【銀行】　現代中国でも、「米行（米問屋）」「电（電）料行（電気店）」などと使われている。「金」ではなく「銀」なのは、当時の貨幣制度が「銀本位制」だったことによる。

□「功夫」とも書かれた

工夫

□測量して家を建てることが…

経営

□算段の意味で使われる

工面

□「景の気」とは何のこと？

景気

□「陶」は何を意味する？

薫陶

□もとは考え調べること

稽古

【工夫】 クフウ

漢語

「工」は、道具を使って物を作ること。「夫」は、公用のため人民を強制的に人夫として使うこと。

最善の手段や方法を考え、試みること。また、その考えた手段や方法。この漢語はもともと、手段をあれこれ考え、努力することの意だったが、唐代以後、禅宗で修行に励み努力を重ねる意に使われて広まった。「工」とは、道具を使って物を作ること。「夫」は、公用のため人民を強制的に人夫として使った夫役《ブヤク》の意。そのことから、現代の意味として広がったもの。「功夫」とも書かれた。

【工面】 クメン

和語

語源には定説がなく、「工夫面目」の略、「工夫面倒」の略、さらに「具合面倒」の略とも考えられている。

「なんとか資金を工面した」のように、まとまった資金をそろえようとすること。

語源について、江戸時代末期の国語辞典『和《ワ》訓《クン》栞《のしおり》』は、「工夫面目の意か」と、昭和初期の『大言海』では、「工夫面倒」の略としているが、どちらも定説にはなっていない。その他、「遣《や》り繰《く》り」の「繰り」と、「面倒」の合成語からという説もある。しかし、この言葉は近世には「グメン」と発音されていたことから、「具《グ》合《あい》面倒《メンドウ》」の略であろうとも考えられている。

＊【工面】 近世から使われるようになった日本製の漢字語であろう。

【薫陶】

クントウ　漢語

「香を焚いて薫りをしみこませたり、粘土をこねて陶器を作ったりすること」というのが語源。

その人の人徳によって感化し、教育する、という意味の漢語。「師の薫陶を受ける」のように使われる。「香を焚《た》いて薫りをしみこませたり、粘土をこねて陶器を作ったりすること」というのが語源である。中国の北宋の学者の程頤《テイイ》伝《デン》の『宋史』の文章に「薫陶を以て性を成す」と出ている。「陶」という漢字は、粘土をこねて形を造る→そのように物や姿を変える→人間を教化する、という意味になった。

【経営】

ケイエイ　漢語

もとは、土地を測量し規模を定めて家屋などを作ることの意。転じて、計画を立てて事業を営む意味に。

中国古代で使われた漢語で、縄を張って土地を測量し、規模を定めて家屋などを作ることの意。転用して、広く計画を立てて事業を営む意味となった。日本では中古以降、行事や饗応接待の準備のため忙しくすることの意で使われ、公卿の漢文の日記に多く見られる、「ケイメイ」とも読まれた。現代では、経済的な目的のため、事業を運営することや、計画を立てて工夫して物事をおこなうことの意味として使われる。「会社経営」「学級経営」など。

＊【薫陶】　金属を溶かして細工することを「冶」ということから、人を教え導いて人格を磨くことを「陶冶（トウヤ）」という。

【景気】

ケイキ

和語

もとは、自然の景色。それが、物事の元気のある様子のことをいうようになり、商売や活動状態の意味に。

もともと、「景」の「気」の意味で使われ、自然の景色のことをいった。「東西南北見まわせば、四季の景気ぞおもしろき」と『源平盛衰記』に出てくる。また、和歌や俳諧の世界では、目の前の姿をそのまま詠んだものを「景気の歌」「景気の句」といった。江戸時代中期以降、物事の元気のある様子のことをいうようになり、さらに、商売や活動状態の意味となった。しかし、国語学者山田孝雄は、市場の取引や調整の意の「経営」の意味の漢語「経紀」から出たものであるという。

【稽古】

ケイコ

漢語

本来は、昔の事柄を資料に当たって考え調べること。それが、芸能や武芸の練習の意に変わった。

現代日本語では、「お稽古ごと」や、「柔道の寒稽古」のように芸能の習い事や武術の練習のことをいうが、本来は「稽《かんがフ》レ古《いにしへヲ》」と訓読して、昔の事柄を資料に当たって考え調べることという意味だった。中国の最古の歴史書『尚書《ショウショ》』（『書経』）』の「稽古帝尭（古の帝尭《ティギョウ》を稽《かんが》ふ）」という用例が出典である。日本では「古」の意味を「古書」→「学問」と解し、「昔の書物を読んで学問する」の意味として、『徒然草』の中に、「信濃前司行長、稽古の誉ありけるが、」と出ている。

＊【稽古】　禅宗では仏道を修行する意味として使われ、その後、武術の修行的練習という現代の意となった。『正法眼蔵』に「これ稽古のおろそかなり」という例文がある。

経済

「経世済民」の略語

景色

もとは「気色」と書いた

景品

句会の褒美だったという

結局

囲碁から生まれた漢語

下戸

酒に弱い人がなぜ「下戸」

結構

構えを結うがもとの意味

【経済】

ケイザイ　漢語

「経」は物事の大筋を立てておさめる、「済」は不足を補って平等にならす。その後、economyの訳語になった。

「経世済民（世の中を経《おさ》め、人民を済《すく》う）」の略から出た漢語。唐代の正史『晋書《シンジョ》』に出典が見える。「経」は、物事の大筋を立てておさめる、「済」は、不足を補って平等にならす意。日本では江戸時代十七世紀末、「経済は国家の本なり」と使われている。一八六七（慶応三）年、神田孝平訳『西洋経済小学』に初めて、英語のeconomyの訳語として、現代と同義の、人間の生活に必要な物資を生産・分配・消費する行為や金銭のやりくりのことをいうようになった。

【景品】

ケイヒン　和語

句会で、主催者から褒美として出された品物のこと。もとは、四季折々の景物のこと。

中世、時節の珍しい品物、特に四季折々の衣装や飲食物のことを「景物《ケイブツ》」といった。また、連歌や俳諧において、四季折々の自然の風物のことも「景物」といい、雪・月・花・時鳥《ほととぎす》を四個の景物とした。そして、句会の席上、出句した句が選者に選ばれた作者には、句会主催者から褒美として金品が出され、その品物のことを「景品」と呼んだ。「大会や催し物などの参加者に余興として配る品物」という、現代使われている意味は、この「景物」が転用されてできたものである。

＊【経済】　明治初期には、同意語として「理財（財を理める）」（『易経』）という語を使った。東京帝国大学や慶應義塾大学などでは、経済学を理財学と称していた。

【下戸】ゲコ

漢語

「戸」は律令制での課税単位のこと。貧富の差によって、上戸、中戸、下戸に分けられた。

酒があまり飲めない人、酒に弱い人のこと。「上戸《ジョウコ》」の対義語。中国古典にも見え、貧しい家の意だった。日本の律令制で、最末端の課税単位のことを「戸」といい、貧富の差で、上戸、中戸、下戸の三つに分けた。また、民家の家族数の多少によって、上中下に分けた。貧しい家では儀礼などのとき、客に出す料理が少ないことから、酒量の少ない人のことをいうようになったもの。『徒然草』で、「いたましうするものから、下戸ならぬこそ男はよけれ」と兼好が言っていることは有名。

【景色】ケシキ

和語

近世以前には「キショク・キソク」と読まれ、現在の「景色」の意味だった。

一九八一（昭和五十六）年十月に内閣告示された「常用漢字表」には、「付表」という一覧が付いている。一一六の漢字語の読み方を定めたもので、熟字訓《ジュクジくん》といわれる。「景色」はその一つ。もとは「気色」と書かれていた。現在では、「けしき」は、①景色、②気色に分かれている。②は、古くは「キショク・キソク」と読まれ、現在の「景色」の意味だったが、近世になって「景色」だけが風景の意味になった。↓「熟字訓」（137ページ）

＊【下戸】 同意語は、「辛党」「左利き」。鉱山の人夫が右手に槌、左手に鑿を持ったことから、「鑿手」と「飲み手」を掛けて「左利き」というようになったという。

【結局】

ケッキョク　漢語

もと、囲碁の一局の勝負が終わることをいった語。後に、物事の終わりのことを言うようになった。

「局《キョク》を結《むす》ぶ」の意。もと、囲碁で一局の勝負が終わることをいった語。後に、物事の終わりのことを言うようになった。「局」とは、狭いわくのことから、狭いわくで作られている盤面のことをいい、狭いわくの中で勝負する囲碁の意となり、後に、物事の終わりの意として使われ、近代になって、「ついに」「とうとう」という現代語となった。日本初の和英・英和辞典の『和英語林集成』（第三版、一八八七年）には、「結局（tsumari　In the end）」と出ている。

【結構】

ケッコウ　漢語

もとは、家屋の構えや文章などを組み立てること。やがて、準備の意味となり、出来上がりが申し分ないという意味に。

元来、「結《ゆフ》レ構《かまへヲ》」の意味で、家屋の構えや文章などを組み立てることをいった中国古典語。「いたづらに殿堂精藍（りっぱな伽藍《ガラン》）を結構する」（『正法眼蔵』）とある。やがて、組み立て→計画・くわだて→準備の意味となり、『御伽草子』（猿源氏草子）の「御馳走の品々を、いかにも結構（準備）めされつつ、」のように使われた。その後、構えがよく出来上がって申し分ないさまという意味から、十分であるという意味になり、「結構なご身分」「もう結構です」のように使われている。

漢字の径《こみち》③

漢字はいくつあるのだろう②

「人名漢字別表」……二四四〇字

日本人の子供の名前に用いて戸籍に載せることができる文字は、一九四七（昭和二十二）年交付された「戸籍法」及び、一九八一（昭和五十六）年の法務省令「戸籍法施行規則」によっている。それは以下の通りである。

①平仮名または片仮名。（変体仮名を除く）
②常用漢字。（一部は旧字体も可）……一九四五字＋一九五字
③人名用漢字。（一部は旧字体も可）……二九〇字＋一〇字
④人名用漢字追加部分。……四八八字
以上の合計二九二八字

〈注〉

①は、普通の平仮名・カタカナの、ゐ（ヰ）、ゑ（ヱ）、を（ヲ）を含み、濁点・半濁点のある文字を含む。

②は、『常用漢字表』（昭和五十六年内閣告示第一号）に示されている漢字一九四五字である。また、常用漢字の一部の旧字体（イ）一九五字が使用できる。

③は、『人名漢字別表』（「戸籍法施行規則」の別表第二）に掲げられた漢字である。一九五一（昭和二十六）年、当用漢字表に掲げる漢字のほかに、人名に用いてさしつ

かえないと認められる漢字九二字が『人名漢字別表』として定められた。

その後、一九七六（昭和五十一）年に二八字、八一（昭和五十六）年に四六字、九〇（平成二）年に一一八字、九七（平成九）年に一字、二〇〇四（平成十六）年に五字が追加され、現在は二九〇字となっている。これも一部の旧字体（ロ）一〇字が使用できる。

他に、繰り返し記号「〻・ヽ・々」、音引き（ー）も使用できる。なお、人名に用いる漢字の読み方については、特に定められていない。

「新人名漢字」……四八八字
人名用漢字は、二〇〇四（平成十六）年九月に、四八八字が追加された。同時に許容字体（「人名として使える漢字の旧字体（イ）（ロ）」）は廃止され、おしなべて人名漢字となった。二〇〇四（平成十六）年での、名付けに使える漢字は、
①常用漢字……一九四五字
②常用漢字の許容字……一九五字
③旧人名漢字……二九〇字
④旧人名漢字の許容字……一〇字
⑤人名漢字追加部分……四八八字
以上の合計二九二八字となった。

□「家礼」「家頼」とも書かれた

家来

□聖徳太子「十七条憲法」が初

憲法

□中世の書院造りから生まれた

玄関

□「権力」と「利益」が原義

権利

□万物が生成する根源、精気

元気

□植物の「かえで」の別名だが

紅於

【家来】

ケライ　漢語

もとは、その家に伝わる礼儀作法のこと。「来」は、従い来るの意味から使われるようになった。

主君に忠誠を誓って仕える者、特に武家の家臣のことである。古くは中国古典で、「家礼」「家頼」と書かれ、その家に伝わる礼儀作法のこと、また、礼を尽くすことを言った。『源氏物語』や、『今昔物語』の中に見える。中世以降、現代の意味になり、①摂関家などに奉仕する貴族→貴族の家に出入りして礼儀作法を見習う者→武士社会で主君に仕える者→上位者に服従する者の意味となった。「来」は、従い来るの意味から使われるようになったもの。

【玄関】

ゲンカン　仏語

書院造りの式台の外に接して造られた入り口のことから、家屋の正門の入り口の意味となった。

「玄」という漢字は、「亠」と「幺（細い糸）」から成り立っている。細い糸の先端がわずかに一線の上に出ているだけで、よく見えない→ほの暗いという意味から、物事の様子が奥深くて、はかり知れないという意味になった。「関」は、出入り口を取り締まる関所のこと。「玄妙な道に入る関門」の意が、後、禅宗の客殿に入る門の意となり、中世には、書院造りの式台の外に接して造られた入り口のこと→家屋の正門の入り口の意味となった。

＊【玄関】　栄西（鎌倉時代前期の臨済宗の僧）が建仁寺に造ったのが最初といわれる。

【元気】

ゲンキ　漢語

日本では、病気が減《ゲン》じるという意味の「減気」、病気が快方に向かう兆候の意味で「験気」と書かれた。

「元」は、人の頭を描いた象形文字で、物の上部や先端→物事の最初、根源の意。「気」は人間の感情のもととなる精神の活力のこと。そこから中国の古典では、「元気」を次のような意味で使っている。①自然の気。万物が生成する根源となる精気。②人間の活動の元となる気力。日本では病気が減じるという意味として「減気《ゲンキ》」、病気が快方に向かう兆候の意味として「験気《ゲンキ》」とも書かれるようになり、江戸時代には、③体の状態がよくて健康なようす、という現代日本語の意味となった。

【憲法】

ケンポウ　漢語

「憲」とは、勝手な言動を押さえるわくを表し、それに「心」をそえて、心の行動を押さえるわくのこと。

政治家の憲法改正についての発言が目立つ。この語の日本で最も古い用例は、聖徳太子の「十七条憲法（『日本書紀』推古天皇十二年）」である。中国では、紀元前六世紀ごろ成立の国別の歴史書『国語』に、「賞シレ善ヲ罰スルハレ姦ヲ、国之憲法也」とある。「憲」とはもと、「上からかぶせる物」＋「目」から成り、目の上にかぶせて、勝手な言動を押さえるわくを表した。それに「心」をそえて、心の行動を押さえるわくの意。中世から近世には、「ケンボウ」と読まれていた。

＊【憲法】　明治以降はconsutitutionの訳語として定着した。

【権利】

ケンリ

漢語

明治時代、right の訳語として、中国でアメリカ人宣教師が使ったのを、日本でも使うようになった。

ある物事を自分の意志で、他人に対して当然のこととして自由に要求できる資格のこと。「権力」と「利益」が原義。中国古代の『荀子《ジュンシ》』に、「是故に権利を傾むくることとあたはず」とある。また、「利害を権（はか）る」の意でも使われていたが、明治の中頃、英語のrightの訳語として、中国でアメリカ人の宣教師が使ったのを、日本でも使うようになった。

【紅於】

コウオ

漢語

普段はあまり使わないが、明治・大正時代の漢文調の詩文や、挨拶文などで使われた古典漢語の一つ。

中国の多くの故事成語の中には、日本語の中で頻繁に使われる「蛇足《ダソク》」や「矛盾《ムジュン》」などとは別に、日常の文章や会話ではなじみが薄いが、明治・大正時代の漢文調の詩文や、改まったときの挨拶文などで使われる古典漢語がある。標題の「紅《コウ》於《オ》」がそれで、植物の「かえで」の別名である。唐代の詩人杜牧《トボク》の七言絶句「山行《サンコウ》」の、「停車坐愛楓林晩（車を停《と》めて坐《すずろ》に愛す楓林《フウリン》の晩《くれ》）霜葉紅於二月花（霜葉《ソウヨウ》は於二月花よりも紅なり）」の詩句から二字を取ったもの。

＊【紅於】　このように、ある詩文の下の語を省略して、成語全体の意味を暗示した語句のことを「歇語（ケツゴ）」といい、中国の古典によく出てくる。

□「江湖の好評を博す」

江湖

□「業火が腹の中で燃える」

業腹

□言い訳の材料や理由

口実

□もとは、「牛角」と書いた

互角

□「拘」は、わくに押しこめる

拘泥

□空虚で実体がないこと

虚仮

【江湖】

コウコ

漢語

「江」は長江、「湖」は洞庭湖。中国最長の河と最大の湖をさすことから、広い世間の意となった。

明治・大正時代の雑誌で、「江湖の好評を博す」とか、「江湖の批評を待つ」などと使われている文章を目にすることがある。広い世の中、世間という意味の漢語。「江」は長江《チョウコウ》、「湖」は洞庭湖《ドウテイコ》のこと。長江は中国最長の大河。洞庭湖は湖南省北部にある湖の名で、淡水湖としては中国最大。このように「江湖」とは、中国最長の河と最大の湖をさすことから、中国全土→広い世間の意として使われるようになったもの。

【口実】

コウジツ

漢語

「実」は、充実するという意で、口の中にみちるもの。無理に実をこめて言い訳をすること。

自分の行いなどを正当化する言い訳の材料や理由。「実」は、充実する意で、原義は、口の中に実《み》ちるもののこと。中古以来、日本語として、物言いの意として使われていたのが、近代になって、物言いのために無理に、実をこめて言い訳をすることの意として使うようになった。

＊【江湖】　似た用法の語に「泰斗（タイト）」がある。「泰山（中国の名山）」と、「北斗（北斗七星）」の意から、ある分野で最も尊ばれる人のこと。

【拘泥】コウデイ

漢語

「泥」は、ねちねちとくっついて動きが取れないようになることから、何かにとらわれてしまう意。

あることに気持ちがとらわれ、こだわることをいう。「役員の地位に拘泥する」とか、「勝負に拘泥する人」のように使われる。「拘《コウ》」は、「扌（手）」と「句（「型と、」型と、口）」から成り、かぎで区切ったわくの中に、手で押しこめることを表したもの。「泥」は、どろのようにねちねちとくっついて動きが取れないようになったようす。このことから、何かにとらわれて、とどこおること。「なじむ」と訓じられる。現代中国語でも同じ意味で使われる。

【業腹】ゴウはら

仏語

「業火」とは、地獄の罪人を焼く猛烈な火。「業」とは、身・口・意が行う悪業のこと。

「災害に対する行政の態度は、説明責任も不十分で業腹だ」のように、しゃくにさわるようすや、いまいましいことをいう語。語源は、「業火が腹の中で燃える」ということろからきている。「業火」とは、悪業が身を滅び尽くすことを、すべての物を焼き尽くす火にたとえた語で、地獄の罪人を焼く猛烈な火のこと。「業」とは、サンスクリット語のKarumaの漢訳語で、身・口・意がおこなう善悪の行為をさし、特に悪業のこと。慣用句として、「業を煮やす」「業を曝《さら》す」と使う。

地獄の罪人を焼く業火（地獄絵図）

【互角】 ゴカク

和語

牛の左右二本の角が、長短・大小とも差がないことから生まれた漢字語。今では、「互角」と書く。

「優勝候補と互角に戦った」のように、互いの力に差がなく優劣をつけにくいこと。もともと「牛角《ゴカク》」と書かれていたものが「互角」に変わったもの。牛の左右二本の角が、長短・大小とも差がないことから生まれた日本製の漢字語。『太平記』や、『平家物語』などの軍記物語には出ている。しかし、語源意識が薄れた今では、「牛角」と書かれることはなくなった。「牛」を「ゴ」と読むのは、漢音の「ギュウ」より古い呉音。「牛蒡《ゴボウ》」「牛頭馬頭《ゴズメズ》（地獄の番人）」などに残っている。

【虚仮】 コケ

仏語

主に仏典で使われた言葉。意味は、うわべだけのみせかけ、真実でなく、いつわりのこと。

「人を虚仮にした話」や、「虚仮威《おど》しの看板」などと使われる。中国の古典『墨《ボク》子《シ》』にも見えるが、主に仏典で使われた。意味は、「虚妄《キョモウ》」と同じく、空虚で実体がなく、うわべだけのみせかけのこと。また、真実でなく、いつわりのこと。日本では、転用されて、おろかなこと、ばかの意にも使われるようになった。「虚」を「コ」、「仮」を「ケ」と読むのは、どちらも古い呉音。「虚無僧《コムソウ》」「仮病《ケビョウ》」など。漢音は「虚《キョ》」、「仮《カ》」。

□「沽券」は「うりケン」を読んだ

沽券

□もとは、口先がうまいこと

滑稽

□「胡」の訓読みは「えびす」

胡椒

□料理で使う言葉だが

献立

□その場かぎりの間に合わせ

姑息

□律令制の官位が始まり

左官

【沽券】

沽券地図

コケン

和語

本来は、土地の所有権を証明する手形のこと。それが転用されて人の対面・品位の意味になった。

「沽《コ》」は、代金をとって売る意。『論語』に、「求《メテ》善《ゼン》賈《カヲ》而沽《うランカ》諸《これヲ》（いい値で買う人を探して売ったものだろうか）」と出ている。「沽券」は、日本製の漢字語で、本来、土地の所有権を証明する手形のこと。近世に物の売り値の意に用いられるようになり、それが転用されて、人の対面・品位という現代語の意味になり、「沽券にかかわる」と使われている。古くは、「沽券《うりケン》」とも読まれた。

【胡椒】

コショウ

漢語

「胡」の原義は、垂れ下がったあごの肉。その後、垂れ下がったあごひげになり、西域地方の民族をさした。

胡（西域の遊牧民族）から伝えられた山椒の実で作った物という意味の漢語。香辛料のペッパーのこと。転じて、垂れ下がったあごひげのことを表した。「胡《コ》」という漢語の原義は、垂れ下がったあごの肉（月）のこと。垂れ下がったあごひげのことを表した。さらに後に、「ひげ」の意味をわかりやすくするため「髟」を付けて、「鬍」と書かれるようになった。そのことから、長いあごひげをしている中国北方や西方の民族のことを言うようになり、さらに、西域地方からもたらされた産物であること表す漢語となった。

＊【胡椒】「胡麻（ごま）」「胡桃（くるみ）」「胡瓜（きゅうり）」「胡琴（こきん）」なども、西域地方から渡来した語

【姑息】

コソク　仏語

「姑」は、そのまま、とりあえずの意。「息」は、静かにやすむの意。結局、なにもしないこと。

「姑息な手段をとる」のように、根本的な解決をしないで、その場かぎりの間に合わせにすることをいう漢字語。「姑」は、「古」＋「女」で、年をとった女が現状のままがよいとすることから、「しばらく」という訓が生まれ、それが転用され、そのまま、とりあえずの意となった。「息」は、静かにいきづく→やすむの意。「細人《サイジン》（心がせまい人。小人）之愛《スル》レ人《ヲ》也《や》以《もつテス》二姑息《ヲ》一」と、中国古典の『礼記《ライキ》』にある。

【滑稽】

コッケイ　漢語

「滑稽」はもと、じょうご状の酒器。酒が絶え間なく出ることから、雄弁の意となった。

「滑」は、水がつるつるとするさま。また、物事がつかえないでなめらかに進むさま。「円滑」「潤滑」などが語例。「稽」は、同じになる、あうの意。「滑稽」は、もと、じょうごの類の酒器のこと。酒が絶え間なく出るように、口からなめらかに出るたくみなことばの意から、言いくるめる力があること→雄弁の意となった。日本では、はじめ、利口（口がうまいこと）の意と解して使われたが、そこから転用されて現代は笑いをさそうようなおもしろおかしいことの意となった。

【献立】

コンだて　和語

「献」は飾りの付いた犬の肉を宗廟に奉る祭器。「立」は、料理の品物を準備して整えること。

料理の種類や品目、またその取り合わせや順序のこと。この語は、上を音読み、下を訓読みにする、いわゆる「重箱読《ジュウばこよ》み」である。「献（獻）」の旁《つくり》は「虎」と、「鬲《レキ》（煮炊きをする三本脚の器）」から成り、虎などの飾りの付いた器のこと。それに「犬」が付いた漢字が「獻」で、犬の肉を宗廟に奉る祭器をいう。後、神や長上者に物を奉ることや、客などに酒や料理をすすめるという意味になり、「奉献」「献《ケン》酬《シュウ》」などの語例となった。

【左官】

サカン　和語

律令制の四等官の最下位で、上司をたすける「左官」の意の漢語。「主典」とも書かれた。

壁を塗る職人。近世までは江戸なまりで、「しゃかん」ともいわれ、「沙官」「沙翫」「泥匠」などと出ている。江戸時代の百科事典的風俗誌『守貞漫稿《もりさだマンコウ》』は、「昔時内匠寮或いは木工寮等の属《サカン》など墁工《こてコウ》の業をせしより名とするか、属の字さくわんと訓ず」と、語源を記している。「さくわん」とは、律令制の四等官の最下位で、「主典」とも書かれた。上司をたすける「左官」の意の漢語。『大言海』は、無官の者は宮中に入れないので、「属」として壁を塗らしたことからとしている。

＊【献立】「立」は、料理の品物を準備して整える、仕立てる意。

□ もとは、座るための敷物

座敷

□「傘」の略字は数字に似ている

傘寿

□ 水でそそいで選び分けること

沙汰

□ もともとは医学用語だった

散歩

□「残刻」、「惨酷」も同意語

残酷

□ もとは「時儀」「時宜」と書いた

辞儀 辞宜

【座敷】

ザしき　和語

昔の部屋は板張りで、座る時に畳円座をなどを敷いたことから生まれた日本製漢語。

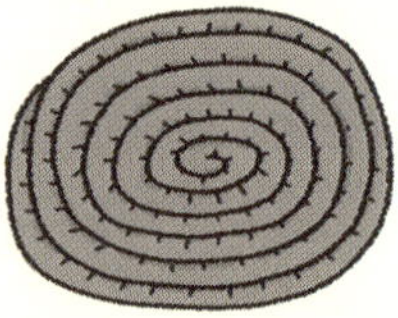

畳を敷いた日本間。特に客を通すための日本間のこと。もと、この語は座るために畳や円座《エンザ》（わらや、すげなどで渦巻き状にまるく平たく編んだ敷物）を敷くこと、また、そのようにした場所のことをいった。「はるかにさがりたる所に、座敷しつらうて置かれたり」の用例が『平家物語』に見える。昔の部屋は板張りで、座る時に畳などを敷いたことから生まれた日本製漢字語。なお、「お座敷が掛かる」とは、芸者や芸人などが、客がいる座敷に呼ばれることから出た。

【沙汰】

サタ　漢語

「沙」は、水で洗われて小さくばらばらになった砂のこと。「汰」は、大量の水を流してすすぐこと。

原義は①で、②以下は日本古典だけの意味。「沙」は、「氵（水）」＋「少（小さくばらばらにする）」から成り、水で洗われて小さくばらばらになった沙（「砂」と同じ）のこと。①細かい物を水に入れてそそぎ、選び分ける。「汰」は、大量の水を流してすすぐこと。②善と悪をえり分けて処理すること。また、その結果についての指示や命令。「追ってお沙汰があろう」「地獄の沙汰も金次第」③話題として取り上げる事がら。「警察沙汰」「色恋沙汰」④知らせ。便り。「音沙汰」など。

【残酷】

ザンコク　漢語

「残」は、刃物で切って小さくすること。さらに切り取って小さく残った骨のかけらのこと。

人の行為や性質などが、むごたらしいこと。また、動物に苦しみを与えて平気でいるようす。中国の歴史書『史記』に見える漢語。「残（殘）」の旁《つくり》の「戋（戔）」は、「戈（ほこ）」＋「戈」の会意文字で、刃物で切って小さくすること。「残」は、「歹（ほね）」＋「戔」で、切り取って小さくなって残った骨のかけらのこと。そこから転じて、傷つけ、そこなう→むごいの意となった。「残刻」「惨酷」も同意。

【傘寿】

サンジュ　和語

漢字の略字が八十という数字に似ていることから、それに「寿」を組み合わせて祝ったもの。

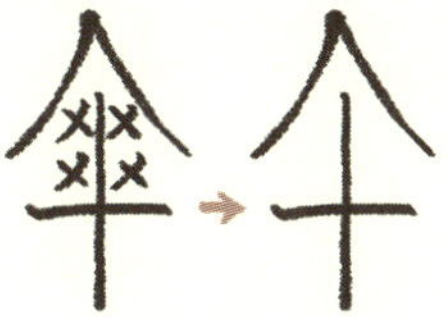

天皇陛下が傘寿を迎えるというニュースが流れた。八十歳、また、その祝いのことである。「傘」の略字「仐」が、「八十」であることから、その語となったもの。同種の語に、「喜寿《キジュ》（七十七歳）」「米寿《ベイジュ》（八十八歳）」「白寿《ハクジュ》（九十九歳）」などがある。「喜」の草書体「㐂」が「七十七」の形に似ていることから、「米」の字を分解すると「八十八」になり、「白」は、「百」の一画目を除くと「九十九」になることからなどによるもの。「喜寿」は「喜の字」、「米寿」は「米の祝い」といわれる。

【散歩】サンポ 漢語

薬の薬効を「散発」といい、薬効を速めるために、薬を服用した後に歩き回ったことが語源。

「散」には、役に立たないという意があり、「散歩」とは、そのことが役に立つことではない気ままな歩行のこと。しかし、以下の北嶋廣敏氏の別説も有力。奈良時代から漢方で、不老長寿の薬として用いられた鍾乳石、紫石英、硫黄などの鉱物を処方した「五石散《ゴセキサン》」という薬が服用されていたが、この薬を飲むとたちまち身体が温まり、それを「散発」といい、その効果が少ないと薬の毒が体内にこもるので、「散発」を速めるために薬を服用した後に歩き回ったことから出た語。

【辞儀・辞宜】ジギ 漢語

古くは「時儀」「時宜」と書かれた。時機がちょうどよいことから挨拶や礼儀にかなった言葉・作法の意味になった。

大企業で事故や不祥事が起こり、社長その他のトップ三人がそろって頭を下げお辞儀をするテレビ映像は、毎度おなじみになっている。この「辞儀・辞宜」という言葉は、古くは「時儀」「時宜」と書かれ、その方が本来の意味に合っている。「時儀」「時宜」は、「しのぎ」ともいわれ、時機がちょうどよいことの意から、時候にかなった挨拶や礼儀にかなった言葉・作法の意味に変わり、さらに、頭を下げることの意になったもの。ことばを交わす意があることから「辞」を当てたもの。

＊【散歩】「散木（役に立たない木）」「散人（役に立たない人→民間にいて官職につかない人→文人など）」

漢字の径《こみち》④

「部首」とはなんだろう

「部」とは、会社の営業部とか、高校のコーラス部などの「部」と同じで、全体を一つひとつに区分けしたもののことをいう。「首《シュ》」とは、人間の首の意から物事の先頭、最初の物という意味となったもの。つまり、「部首」とは、区分けされた最初の物のことをいう。

そのため、「仕・他・代」などの部首を「亻《ニンベン》」、「池・泳・海」などの部首を「氵《サンズイ》」と呼ぶのは本来の部首の呼び方ではない。「亻」は、「人《ニン》」が、「氵」は、「水《スイ》」がそれぞれ変化したもので、「人」、「水」が部首名である。

「部首」の起源

「部首」は、一〇〇年ごろ、後漢の許慎《キョシン》という学者によって『説文《セツモン》解字』という中国最古の字典で初めて説明された。『説文解字』は九三五三字の漢字の成り立ちについて、「六書《リクショ》」の説を立てて漢字を五四〇の部首に分類した。これが「部首」の起源である。

その後、「部首」は整理され、一七一六年に刊行された中国の代表的漢和辞典の『康熙《コウキ》字典』によって二四〇の部に整理された。日本の漢字辞典はこの字典にならっている。

しかし、一九四九（昭和二十四）年になり、『当用漢字字体表』が内閣告示され、日常使う漢字の字体が定められたため「部首」が統合され、現在は一般に使われている漢和辞典は二五〇部くらいになっている。

「部首」の名前

現在、一般に呼ばれている部首名は、平安時代の中ごろから使われるようになった。初めのころは中国語の発音で呼ばれていたと考えられている。

しかし、鎌倉・室町時代の終わりごろに編集された日本の辞典では、漢字はどの部分にあっても「偏《ヘン》」と呼ばれたりして一定しておらず、いくつかの呼び名があった。

たとえば、現在では「地・坂・堤」などの漢字の部首は「土偏《つちヘン》」と呼ぶが、古くは「土偏《ドヘン》」と呼ばれていたり、「魚・鯉・鯖」などは「魚偏《ギョヘン》」「魚偏《ウオヘン》」だったが、現在では「魚偏《さかなヘン》」と呼ばれている。

さらに、小学校の国語の教科書では、漢字の字形の上からわかりやすい呼び名としたものが多くなっている。

「亠」は、「・」と「一」から成り立っているので「テンイチ」、「厂《ガンだれ》」は、「イチたれ」、「頁」は、「イチのかい」などと新しい呼び名としている漢和辞典や教科書がある。

亠 テンイチ　厂 イチたれ　頁 イチのかい

□「忸」も「怩」も、はじる

忸怩

□もとは、馬術用語だった

地道

□「度」は、はかるの意味

支度 仕度

□「ワカセン」ではない

若干

□もとは、芝生の見物席のこと

芝居

□気のきいた身なりや化粧

洒落

【忸怩】ジクジ 漢語

「忸」も「怩」も「はじる」という字義を持っているが、単独に用いられことはほとんどない。

「結果については内心忸怩たるものがある」のように、心の中で恥ずかしく思うようすのこと。漢字はそれ自体、一音節語として単独に用いられるが、単独で用いられることがなく二字以上の熟語となって意味を表す語がある。「忸《ジク》」も「怩《ジ》」も、「はじる」という字義を持っているが、単独に用いられことはほとんどなく熟語として使われる。このような語を連綿語《レンメンゴ》といい、その代表に双声語《ソウセイゴ》と畳韻語《ジョウインゴ》がある。双声語とは、二つの漢字の語頭の音が同音の語である。「恍惚《コウコツ》」「髣髴《ホウハツ》」などがある。

【支度・仕度】シタク 漢語

「支」は、枝のように別れ出た細かい物の意味。「度」は、物事を見積もる、はかるという意。

「十」に「又（手）」を加えたものが「支」で、「十」は「竹」の半分の形。つまり「支」は、手で竹を持っているようす→物をささえるというのが本義。また、「支」は「枝」と同じで、枝のように別れ出た細かい物の意味もあり、「支流」「枝葉」などの熟語になっている。「度」は、物事を見積もる→はかるという意をもち、「忖度《ソンタク》（他人の心をおしはかる）」のように使われる。このことから、「支度」とは、用意を細かく分けて費用などを度《はか》ること→準備の意となった。

＊【忸怩】 畳韻語とは、語尾の音が同じ語のこと。言葉の音声を重視する漢語（中国語）の特徴である。「逍遙（ショウヨウ）」「艱難（カンナン）」など。

【芝居】 しばい 和語

猿楽や田楽などの勧進興行で、寺社の境内に作られた野天の舞台と桟敷席との間の見物席のこと。

演劇、特に歌舞伎。また、俳優の演技のこと。この語は本来、神社や寺院の境内などの神聖な「芝生」のことをいったが、中世には、「芝生に居る」という意味で使われ、後にその場所のことをいうようになった。『太平記』の「搦手《からめて》ハ芝居ノ長《なが》酒盛《さかもり》ニテサテ休《やみ》ヌ」という用例はその意味。鎌倉後期に、猿楽《さるガク》や田楽《デンガク》などの勧進興行が広く行われるようになり、各地の寺社の境内に野天の舞台が作られ、桟敷《さじき》席と舞台との間の柵で囲った芝生の見物席のことを「芝居」というようになった。

【地道】 ジみち 和語

元来は、馬を普通の速度（並足）で歩かせること。それが転じて、物事を堅実におこなう意味になった。

「地道な努力が実を結んだ」とか、「地道に暮らすのが一番」のように、物事を堅実にするようすをいった語。この漢字語は元来、馬術用語で、馬を普通の速度（並足）で歩かせることをいった。『日葡《ニッポ》辞書』に、「Gimichininoru」（地道に乗る）とある。近世以後、現代使われている意に転用された。「地」は、基本であること。「道」は、方法をいう。なお、「地道《チドウ》」とは、漢語で大地の原理のこと。

＊【支度】「仕度」の表記は、明治時代まではない。「す、する」の連用形「し」に当てたもの。

【若干】

ジャッカン　漢語

「干」を「一」と「十」に分けて、「一の若《ごと》し、十の若し」の意と解釈したことが語源。

「まだ経費には若干の余裕がある」のように、数量・程度などが明示しにくい場合に使う。いくらか。多少。中国の古典『礼記』に、「（天子の年齢を問われたとき）始めて衣を服ること若干尺なり（衣の背丈は若干尺です）」と、間接的に答えたりしている。「干」を「一」と「十」に分けて、「一の若《ごと》し、十の若し」の意と解したことから生まれたといわれる。平安時代末期の漢和辞典『類聚名義抄《ルイジュミョウギショウ》』に、「若干・無限・多少、ソコバク」と出ていることから、訓読みもされていたことがわかる。

【洒落】

しゃれ　和語

「曝《さ》れ（る）」が原義で、日光や風雨にさらされて、その物の色があせて白け、あかぬけすること。

日本語の「曝《さ》れ・瀑《さ》れ」が語源とされるが、別に「戯《じゃ》れ（る）」の変化とも。普通、「洒落《しゃれ》」と表記され、漢語の「洒落《シャラク》」（さっぱりして、わだかまりがないこと）が「洒落《しゃれ》」と音・意味が似ていることから、江戸時代初期から使われるようになった。「曝《さ》れ（る）」の原義は、日光や風雨にさらされて、その物の色があせて白け、あかぬけすること。それが、同音、また似た音の語・機知にとんだ語を使った言い回し、また、気のきいた身なりや、化粧をしたりすることの意となったといわれる。

＊【若干】「そこばく」は、「そくば（それくらい）」に数量・程度を示す接尾語「く」の付いたもの。それくらいの意。

□ 「囲碁」の別称の一つ

手談

□ 「笑止の至り」「笑止千万」

笑止

□ もとは仏門に入ること

出世

□ 「精進料理」「精進揚げ」が有名

精進

□ 和語の「出張る」がもとの意

出張

□ 息が消えることだが…

消息

【手談】

シュダン 漢語

手を使って相手と談じ合うという意味から「碁（囲碁）」の別称になった。漢語にある別称の一つ。

漢語の中にはいくつかの別称をもったものがある。「手談」もその一つで、「碁（囲碁）」の別称。手を使って相手と談じ合うという意味から名付けられた。また、「坐隠《ザイン》」という漢語は、碁を打つということは隠遁《イントン》するようなものという意味から出た語。いずれも五世紀半ばごろ成立した中国の説話集『世説新語《セセツシンゴ》』の中に、「王《オウ》中郎《チュウロウ》は囲碁を以て是れ坐隠なりとし、支公は囲碁を以て手談と為す」と出ている。この他囲碁の別称に、「爛柯《ランカ》」がある。

【出世】

シュッセ 仏語

比叡山で出家した貴族の子弟が、人より早く高い地位を得たことから「出世者」と呼んだことによる。

本来の意味は文字通り「世に出る」ことだが、仏教語としては、仏が生きとし生けるものを救済するためこの世に仮の姿をして生まれ出ることをいう。また、「出《シュッ》世間《セケン》」の略として、俗世間を離れて仏の道に入るという意味にもなった。日本では特に、公卿や殿上人などの貴族の子弟が比叡山で出家した場合、その人たちが他の人より早く高い地位を得て大寺院の僧位についたことから「出《シュッ》世《セ》者《シャ》」と呼ぶようになった。この意味から現代の意味が生まれた。

＊【手談】① 樵（きこり）の王質が、森で童子たちが碁を打つのを見ている間に時を忘れ、気がつくと、傍らに置いていた「柯（斧の柄）」が爛れていたという故事から。

【出張】

シュッチョウ　和語

はじめ訓読みしていた語を音読みするようになってできた漢字語。中世以後に多く生まれた。

公務や社用で勤務先以外の他の地域や場所へ出かけること。「出張《では》（る）」がもとの意。「五百余騎にて矢矧《やはぎ》に出張《では》りして、道をさしふさぎける間」と、『太平記』に出ている。このように、初め和語だった語に漢字を当てて音読みするようになった漢字語は多い。「返事《かへりごと》→返事」「火事《ひごと》→火事」「立腹《はらだち》→立腹」「大根《おほね》→大根」「見物《みもの》→見物」「押柄《おしがら》→押柄《オウヘイ》」などがある。中世以後、使われるようになった。

【笑止】

ショウシ　和語

語源は、優れたことを表す漢語の「勝事」だが、日本語では、逆の、大変なこと、困ったことの意になった。

「笑止の至り」「笑止千万」などと使われる。当人はまじめにやっているように見えるが、他人から見るとおかしくて笑ってしまうようなようすをいう。語源は、漢語のすぐれたことの意の「勝事《ショウシ》」から出た。日本語としては、大変なこと、困ったことの意で、中世に用いられていた。「あら笑止や候」（謡曲・鉢木）。転用して、笑うべきこと、おかしなことの意となり、「笑止」の表記となったものと考えられている。

＊【手段】②　黒石を「烏（からす）」、白石を「鷺（さぎ）」にたとえた「烏鷺（ウロ）」や「橘中（キッチュウ）の楽しみ」などの別称もある。

【精進】

ショウジン　仏語

精魂をこめて、ひたすら仏道修行に進むことから、魚・鳥・獣などの肉食を断つことの意となった。

サンスクリット語のviryaの漢訳語。世俗との関係を絶ち、精魂をこめて、ひたすら仏道修行に進むこと。そのことから、魚・鳥・獣などの肉食を断って、菜食をすることの意となり、「精進料理」「精進揚げ」などの語となって使われるようになった。なお、漢語では、「セイジン」と読み、物事を精《くわ》しく知って、仕事に励むことをいう。

【消息】

ショウソク　漢語

もとは、文字通り「消えること」と、「生じること」。後に転用され、現在では、「便り」の意味になった。

「九州に転勤になった息子から最近、消息がない」のように、「便り」の意味で使われているが、中国古典に出るもとの意味は、「消えること」と、「生じること」。それが、「消」は死ぬこと、「息」は生きていることを表すようになり、さらに転じて生き死にの状態→移り変わり→その時々の情勢→便りの意味になったもの。日本では、平安時代の物語や日記・随筆などで、多く「せうそこ」と書かれている。それは「そ（so）」の音にひかれて、「く（ku）」が「こ（ko）」になったもの。

□「丈」は十尺、「夫」は？

丈夫

□「如才がない人」と使う

如才

□「事情の報告」の意だったが

情報

□「要するに」という意味

所詮

□「斎」はきちんと整えること

書斎

□親を切って、なぜ親切？

親切

【丈夫】

ジョウブ　漢語

十尺は、一丈のこと。「丈」は、背丈が高くて、しっかりしているという意味で、丈夫は成人男子のこと。

「丈」は、「十」と「又（手）」から成り、手の親指と小指を開き、物の長さを測ることを示した形。手尺の一は一尺を表したので、「丈」は十尺、つまり、一丈。周代の一丈は約一・七メートルで、成人男子の身長。このことから「丈」は、しっかりしているという意味を表し、「頑丈」「気丈」の漢語となった。「丈夫」は、もと、成人男子のことを言い、「偉丈夫《イジョウブ》（体がたくましいりっぱな男）」「大丈夫（堂々とした男）」などの意味に使われ、それが、あぶなげないようすをいうようになった。

【情報】

ジョウホウ　洋語

情報が「諜報」の意味になったのは、第二次世界大戦中で、軍事知識の重要性が認識されるようになったから。

総務省が情報技術（ＩＴ）産業支援のため、個人情報の収集に関する指針を作成することにしたと報道された。この「情報」という言葉は現在では、英語のinformationの訳語として使われているが、二十世紀初めには、reportの訳語として単に「事情の報告」の意味で使われていた。その後、第二次世界大戦中、各国の敵国の軍事に関する知識の重要性が認識されるようになり、軍部の諜報の意味で「情報」という言葉が使われ始めるようになった。

＊【情報】 1950年代に入り、information theoryが、「情報理論」と訳され、広く経済界に広まった。

【書斎】ショサイ　漢語

読書が、心身をきちんとととのえることから、勉強するためにこもる部屋のことを言うようになった。

「書斎」は、鎌倉時代の末、書院造の床の間のわきの縁側に張り出した部分に造り付けの机を置いて、読み書きした場所が起源とされる。「斎（齋）」とは、「齊（きちんとととのえる）」と、「示（祭壇の略字）」の合成字で、祭のために心身をきちんとととのえることを表した漢字。祭の前に酒や肉を断ち、物忌《ものい》みすることや、勉強するためにこもる部屋のことを言うようになったもの。読書することが斎戒《サイカイ》するのと同じ目的であると考えられたことから生まれた漢語。

【如才】ジョサイ　漢語

下に「ない」を付けた形で使われる。在るがままにすることの意が、気を使わないことから、手抜かりへと転じた。

「如才がない人」のように、下に「ない」を付けた形で使われる。この漢語は『論語』に「祭るには在《いま》すが如くにし、神を祭るには神在すが如くにす」とあり、もとは「如在《ジョザイ》」と書かれ、祖先や神がそこにおられる如く、つつしみかしこまるという意味だった。平安時代に編纂された『類聚《ルイジュウ》国史』に、「躬《みづか》ら社頭に向かひ、敬ひて以て奉進すること必ず如在を致すべし」とある。それが、在るがままにすること→気を使わないですること→手抜かり、と意味が転じて使われるようになった。

＊【如才】『下学集』に、「如在、此の二字即ち尊敬の義也。然るに日本の俗、書状に如在を存ぜずと云ふ。大いに正理を失す也」とある。近世以後、現在の用法になった。

【所詮】

ショセン　仏語

もとは、中国仏教で、経典の文句によって説き明かされた真理や道理のことをいう言葉だった。

「所詮はかなわぬ夢だった」のように、下に打ち消しの言葉をともなって、「結局〜だ」「要するに」という意味を表す漢語。もとは、中国仏教で使われ、「能詮《ノウセン》（経典の文句・意味）」の対語として、経典の文句によって説き明かされた真理や、つきつめた道理のことをいう言葉だった。それが、「つまり」という意で使われるようになったのは、「所詮《いはゆる》」と訓読することから生まれたもので、中世以降使われるようになった日本語独自の用法である。

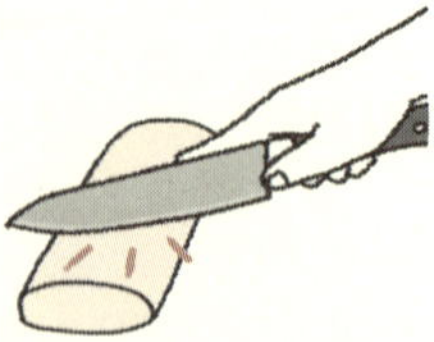

【親切】

シンセツ　漢語

「親」は、身近に接している自分のおや。「切」は、ぴったりとくっついて肌にこたえるさま。

「親を切る」ことが、なぜ相手の身になってつくすこと、人情の厚いことの意味になるのだろうか。「親」とは、「辛（「薪《まき》」）」の原字。木を刃物などで切った生木」と、「見」の合成字で、①刃物で身を切るように身近に接して見る→②直接、刺激を受けるほど親《した》しい→③身近に接している自分の親《おや》、の意に転じたもの。「切」は、①刃物をぴったりと切り口に当てて物をきる→②ぴったりとくっついて肌にこたえるさまに転用された。古くは、「心切」「深切」とも表記された。

＊【所詮】「所」は、下に用言を受けて、これを体言化する用法の漢字。「所感（感ずる所）」「所在（在する所）」「所謂（謂う所）」などがその語例。

□「進退」「身体」「身袋」とも

身代

□世の中のことだが…

世間

□「素的」「素適」とも

素敵

□角を折るとは何のこと?

折角

□「青い春」とは何のこと?

青春

□衝いて折くこととは…

折衝

【身代】

シンダイ　和語

「進退」から出た語。進むことと退くことの原義から、自分が処分できる資産の意味に。

その人の一身に属する土地・家屋などの全財産という意味。現在では「身代」と書かれるが、江戸時代の浮世草子などでは、「進退」「身体」「身袋」とも表記された。この語は、「進退」から出たもので、字の通り、①進むことと、退くことの原義から、②自分の身の処し方、③自分の思うままに人間や土地を扱う身分、④自分が処分できる資産の意味を表すようになったもの。『和訓栞《ワクンのしおり》』では、「身帯《シンタイ》なるべし、国史に身帯五位以上者などといふ意あり」と、別説を立てている。

【素敵】

ステキ　和語

素敵は当て字。すばらしいの「す」に、「てき（敵）」の付いた語といわれるが、「敵」の意味は…。

「素敵なドレス」とか、「スタイルの素敵な人」のように、心を引きつけられるようすや、すぐれていてすばらしいようすのこと。「素敵」は当て字。すばらしいの「す」に、「てき（敵）」の付いた語といわれるが、『大言海』は、「出来過《すぎ》の倒語」で、「すぎでき」からであるとしている。「敵」は、向かい合う対象の意味として使われたのかも。「素的」「素適」とも書かれる。『和英語林集成』には、「すてきに寒い」の例が出ているので、程度がはなはだしいようすをいったこともわかる。

青春

セイシュン　漢語

古代中国の陰陽五行説で、季節の「春」のこと。五行説で、春夏秋冬にそれぞれ色を当てたもの。

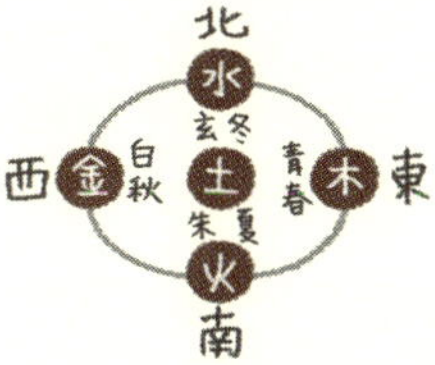

「青春時代」の「青春」である。本来の意味は、古代中国の陰陽五行説で季節の「春」のことをいった。五行説で万物を構成する五元素を考え、木・火・土・金・水を方位と季節に当てて、木が東と春、火が南と夏、金が西と秋、水が北と冬に当てた。土は中央とした。また、色では、春が青、夏が赤、秋が白、冬が黒、中央を黄とした。このことから、「青春」「朱夏」「白秋」「玄冬」の語が生まれた。

世間

セケン　仏語

「世」は時間、「間」は空間。過ぎゆく時間の中で、迷いながら生きる衆生が、生死する空間・場所のこと。

もと、仏教から出た言葉。サンスクリット語のlokaで、生き物の住む場所のこと。「世《セ》」「間《ケン》」と読むのは、仏教語に多い呉音で、漢字音としては最古の音。漢語としては、「世の中」の意で「世界」とも漢訳されていて、『史記』にも見える。「世（時間）」と、「間（空間）」を合成したもので、過ぎてゆく時間の中で、迷いながら生きる衆生が、生死する空間・場所のことを言った。煩悩の多いこの世の中の場所から出ることを、「出世間」といい、「出世間の道」は、仏教の別称となった。

＊【青春】　石坂洋次郎の小説『青い山脈』も、青春時代の生き方がテーマなため「青」を使ったものであろう。

【折角】

セッカク　漢語

「朱雲が五鹿の角を折った」という故事に由来する説と、頭巾の角が折れたことに由来する二つの説がある。

この漢語の語源には二つの説がある。①漢代の五鹿充宗《ゴロクジュウソウ》という高慢な学者がある日、朱雲という学者と易《エキ》について論争し、五鹿がやり込められたので、「朱雲が五鹿の角を折った」と評判になった故事から鹿の角を折るには力がいるので、力を尽くしてするという意味で使われるようになったもの（『漢書』朱雲伝）。②後漢の郭泰《カクタイ》という学者の頭巾《ズキン》の角が雨にぬれて折れたのを彼を慕う街の人がまねて、わざわざ自分の頭巾の角を折ってかぶったという故事から（『後漢書』郭泰伝）。

【折衝】

セッショウ　漢語

中国の春秋時代、斉の政治家晏嬰の言行録『晏子春秋』の中に出ている故事から出た語。

「敵が衝《つ》いてくるのを折《くじ》く」というのが本来の意味。それが、外交その他の交渉などで相手と話し合って問題の解決をはかること、また、そのための駆け引きのことをいう現代の意味になった。中国の春秋時代、斉《セイ》の政治家晏嬰《アンエイ》の言行録『晏子春秋《アンシシュンジュウ》』の中に出ている故事。春秋時代、晋が斉を攻めたとき、斉の景行が宴席を設け、戦争を回避したときに、「夫れ樽俎《ソンソ》（酒樽と肉を載せる台）の間をいでずして、千里の外を知るとは其れ晏子の謂《いい》なり、折衝と謂《い》うべし」と言ったことから。

＊【折衝】「樽俎折衝（宴席での外交談判）」の語は、ここから生まれた。

漢字の径《こみち》⑤

「部首」名と語源①

漢字は字形上、二つの部分に大きく分けることができる。
また、漢字を構成している次の七種類の組み合わせで、部首を示す名前がついている。

①  偏へん（左の部分）
②  旁つくり（右の部分）
③  冠かんむり（上の部分）
④  脚あし（下の部分）
⑤  垂たれ（上から下へ続く部分）
⑥  繞にょう（左から下へ続く部分）
⑦  構かまえ（上から左右の氏下、四方、上から左、そして下へ続く部分）

部首の名の語源を知ることは、その漢字の字義を知る上で役立つ。
そんな部首名について、以下解説する。五十音順、表記はすべて平仮名とした。

あみがしら【網頭】

【形】漢字の上部にある「皿（網）」の形。

【意味】網を上から張った状態を表している。「目」を横にした形に似ていることから、「よこめ」ともいう。

【漢字】置・罪・署・盆など。

うかんむり【ウ冠】

【形】「宀」の形。

【意味】家や家の状態などに関係することを表している。片仮名の「ウ」に似ていることから。

【漢字】家・宅・宇・宏など。

えんにょう【延繞】

【形】「廴」の形。

【意味】引き延ばす意味を表している。「延《えん》」を代表していることから。

【漢字】延・建・廷・廻など。

おいかんむり【老冠】

【形】「老」が冠になったときの「耂」の形。

【意味】老人に関することを表している。頭（上部）にあることから「おいがしら」ともいう。

【漢字】老・考・者など。

おうへん【王偏】

【形】「王」が偏になったときの「王」の形。

【意味】玉の種類や玉製品などに関係することを表している。もとは、「玉」の部首に入っていたので「玉」と言われたが、偏になったとき「王」になったので「王偏」と言われるようになった。しかし、意味としては「王」と関係ない。

【漢字】理・球・現・班など。

おおがい【大貝】

【形】「貝」と「一」で、「頁」が旁になったときの形。

【意味】頭部の名前や状態などに関係することを表している。大きな貝の意味から、「貝」と区別して名づけられた。また、形が「亠」と「ノ」と「貝」からできているので「亠の貝」ともいう。
【漢字】顔・頭・題・順など。

おおざと【大里】
【形】旁になっている「阝」の形。同じ形で偏になっているものは、「こざとへん」という。
【意味】大きな里のことで、多くの人が住んでいる場所などに関することを表していることから。
【漢字】都・部・郷・郡・郵など。

おのづくり【斧旁】
【形】「斤」が旁になった形。
【意味】斧で物を切ることなどに関係していることを表していることから。
【漢字】新・断・斧・斬など。

かいへん【貝偏】
【形】「貝」が偏になったときの「貝」の形や、漢字の一部になったときの形。
【意味】古代、貝が貨幣や財産などに関係したことを表していることから。
【漢字】買・貨・賞・貯・財など。

かくしがまえ【隠構】
【形】「匸」の形。
【意味】物を隠す形に似ていることを表していることから。「かくしがまえ」と「はこがまえ」はもともと区別していたが、字形がおなじなので「かくしがまえ」に統一している。
【漢字】区・医・匹・匠など。

がつへん【歹偏】
【形】「歹《がつ》」は切り取った骨の形。
【意味】死に関することを表している。「しかばね」の意から「かばねへん」とも、また、「一」と「夕」からできているので、「一《イチ》夕《た》偏《へん》」とも言われる。
【漢字】死・残・殉・殊など。

ぎょうがまえ【行構】

【形】「行」が構になったときの形。

【意味】道路や、歩くことに関係することを表している。「行」は、「ゆく」と読むので、「行構」とも言う。

【漢字】行・街・衛・術など。

ぎょうにんべん【行人偏】

【形】「行」が人偏と同じように、偏になったときの「彳」の形。

【意味】行進することや、道路に関係していることを表している。「行」の形をふくむ漢字は「行構」の部首に入っている。

【漢字】後・待・役・径・徒など。

くにがまえ【国構】

【形】「国」が構になったときの形。

【意味】周囲を囲むことに関係することを表している。

【漢字】四・国・園・回・囲・固など。

けいがまえ【冂構】

【形】「冂」の形。

【意味】「冂」の古い字の形の構。「冂」が牧場の柵に似ていることから「牧構《まきがまえ》」、また「同」の字の形から「同構《どうがまえ》」、「円」の字の形から「円構《えんがまえ》」とも言われる。しかし、「同」は「口」の部首。

【漢字】円・内・再・冊など。

けものへん【獣偏】

【形】「犬」が偏になったときの「犭」の形。もとは「犬」と同じ部首だったが、形が違うので別になった。

【意味】犬を獣の代表と考えたことから、いろいろな種類の犬や、犬に似た獣、犬の状態などに関係することを表している。

【漢字】犯・狂・狗・猪・狐・狩・狼・猫・猿など

□科白は中国の俗語、台詞は？

科白 台詞

□「小工」という対比語もあった

大工

□学問や技芸の到達度をいう

造詣

□退き屈することの意だったが

退屈

□仏教語の「息災延命」がもと

息災

□「切」は何を表す？

大切

【科白・台詞】 せりふ 和語

「科」は、俳優のしぐさ、「白」は、せりふのこと。その語源は「せり言ふ」からと言われているが。

「科白」という漢語は近世中国の俗語で、「科」は、俳優のしぐさ、「白」は、せりふのこと。日本では役者が舞台の上で話す言葉の意で、「せりふ」と訓じたが、その語源は「せり言ふ」からと言われているものの未詳。室町時代の一種の用字用語辞典の『節用集』には、「世流布」「世理否」「世利布」という漢字表記が見られる。劇を上演する時の「土台」となる書き物のことを「台本」と言い、その台本に従って役者が舞台の上で話す「詞（辞）」が「台詞」。

【造詣】 ゾウケイ 漢語

「造」は、ある所まで至る、とどくという意味。「詣」は、言葉づかいがうまみのあるところまで上達するという意味。

学問や技芸についての深い理解や学問の到達した程度のことを言う漢語。「造」は、ある所まで至る、とどくという意味で、中国の逸話集『世説新語』の中に、「門に造るも、前にいかず返る」という用例が見える。そのことから学問や修業が十分にいたっている人のことを「造士《ゾウシ》」と言った。「詣」は、「言」＋「旨（うまいごちそう）」から成り、言葉づかいがうまみのあるところまで上達する意。だから、「造詣」とは、「いたる」という意味を重ねてできた漢語。

＊【科白・台詞】「台本」を「脚本」とも言うのは、「脚（物の下部にあって支える物）」の本という意味。

【息災】

ソクサイ　仏語

「息」は、いきをすること。「災」は、順調な生活を阻む大火のこと。それが現代では無事の意に。

もとは仏教語で、「息災延命」という意味の語。しかし現在では無事で健康であるという意味で使われていて、日本古典文学の中でも多く出てくる。「息」は、「自（鼻）＋心」から成り、心臓の動きにつれ鼻からいきをするというのが原義。そのことから、休息するという意味となり、さらに転じて、やめる、とどめるという意味になった。「災」は、「巛（流れる水をせきとめる）」＋「火」で、順調な生活を阻む大火のことから広く、生活の妨げとなる災いのこと。息災は、災いを止めること。

【大工】

ダイク　和語

律令制で、宮内省の木工寮に属し、土木・建築・造船などの最高技術者をいった。

小学生男子が将来なりたい職業についての数年前の調査では、一位がプロサッカー選手、二位が大工という。管理されるビジネスマンよりも物を創造していく職業に魅力があるのかもしれない。この語は中国古典では、「大工《ダイコウ》」、または「大工《おほきたくみ》」と呼ばれ、その下の「小工」と対比して用いられていた。また、「木匠《モクショウ》」とも言われ、奈良・平安時代は宮内省の木工寮に属し、土木・建築・造船などの最高技術者を言った。近世になると木造家屋の建築・修理の専門家だけを言うようになった。

＊【大工】　建築仕事全般の統率者を棟梁大工、その下を平大工、宮大工（神社仏閣などを建てる大工）、船大工（木造船を専門に作る）などがある。

【退屈】

タイクツ　漢語

退き屈することの意が、日本では、何もすることがなく、ひまをもてあますようすの意に転用された。

中国古典では、負けて退却すること。また、困難に対して、退き、屈することの意で使われている。また、仏教でも、仏道修行の困難に負けて、修行しようとする心が退き、気力が萎えて屈することの意として使われた。日本では、中世ごろから、①嫌気がさして、やる気を失う状態であるようす、②何もすることがなく、暇をもてあますようすの意に使われている。

【大切】

タイセツ　和語

字義通り、「大いに切なること」が原義で、転じて、重要視する→さし迫る、また、そのことの意味となった。

「切」は、刃物を直接当てるように、ぴったりとくっつけることから、くっつけるように迫るようすを表す漢字。「切迫」「切実」などが語例。「大切」とは、字義通り、「大いに切なること」が原義。後に、転用されて、重要視する→さし迫るの意味となった。十六世紀末のキリシタン資料では、「愛（amor）」の訳語に、「大切」を当てている。もと、「タイセチ」ともいった。なお、『日葡《ニッポ》辞書』には、「愛」と訳され、「タイセツニモユル」は、「非常に愛ずる」としている。

＊【大切】「切」の字義については「親切」(82ページ) 参照。

□「台盤所」を省略した語

台所

□「達人」の同義語だったが…

達者

□「大風」のことだが…

台風

□「子」は、名詞を作る接尾語

団子

□沢と山でなぜ沢山?

沢山

□同義語は「丹精」

丹念

【台所】

ダイどころ　和語

「台盤所」は、平安時代、宮中や高貴な人の住居にあった、食べ物を盛る盤を載せる台がそなわっていた配膳室。

平安時代、宮中や身分の高い人の住居には「台盤《ダイバン》」という、食べ物を盛る盤を載せる長方形の机の形をした台が置かれている「台盤所《ダイバンどころ》」と呼ばれた調理場兼配膳室になっている部屋があった。「台所」という言葉は、この「台盤所」を省略したもの。この「台盤所」をつかさどる将軍や大臣などの妻のことを中世になって、「御」という敬称を付けて「御台盤所《みダイバンどころ》」とか、「御台所《みダイどころ》」と呼ぶようになり、貴人の正妻の敬称としても用いられ、徳川将軍家夫人の正式名称となった。

台盤

【台風】

タイフウ　漢語

中国福建省や台湾地方での呼称「大風」を西洋人が、「タイフーン」と音訳し、それが逆輸入された。

もとは「颶風《グフウ》」といっていた。日本では、明治・大正期には、「颱風《タイフウ》」と書かれていた。一九四六（昭和二十一）年、「当用漢字」が内閣告示され、「臺」が新字体「台」で代用されることになり、さらに一九五六年、同音の別の漢字に書き換えることによって、「颱風」が「台風」と書かれることになった。語源には諸説あるが、中国語にはない。中国福建省や台湾地方で、「おおかぜ」のことを「大風」と呼んだことから、それを西洋人がtyphoonと音訳し、それが逆輸入されたという説が有力。

＊【台所】　明治時代頃までは「厨（くりや）」とも言った。現在では調理場の意味として、「厨房」という漢語が使われ、「台所」は「キッチン」と呼ばれている。

【沢山】

タクサン　和語

物が多いという意味の日本古典の「沢」と「山」を重ねた語か、「卓散」の当て字か。

語源については定説はなく未詳であるが、次のような説がある。①物が多いという意味の日本古典の「さわ（沢）」と、「やま（山）」を重ねた「沢山」を音読してできた語。②もとは、「卓散《タクサン》」と書いたもので、「沢山」は当て字。中世の初期頃から使用例が見出だせ、『平家物語』に、「近来は雨の降る事も候はぬに、是れ程までの水の卓散に候は、」とある。なお、近世文学の中では、「沢山さうに」という語で、物が多い、おおげさなさまをいう語として用いられている。

【達者】

タッシャ　漢語

武芸や学術の奥義に達した人をいったが、転用されて、ある物事を理解し熟達するようすをいうようになった。

中国古典では、広く道理に達している人の意に用いられている。日本では初め、武芸や学術の奥義に達した者のことをいった。「剣術の達者」のように、「達人」と同義に使われた。のち、ある物事をすらすらと理解し熟達するようすをいうようになり、「中国語に達者だ」「達筆」、さらに、中世ごろから、体に悪いところがなく、よい状態に達している者の意から、体が丈夫なようすをいうようになったもの。

＊【沢山】　この他、中国古典の『易経』に典拠を求める説もあるが、論拠に不明な点がある。

【団子】

ダンご　漢語

「団」は、丸めたもの。「子」は、小さい物や道具の名に付けて用いる名詞を作る接尾語。

米や粟などの粉に水を加えて丸め、蒸したり、ゆでたりした食べ物。語源は諸説あるが、「炭団《タドン》」「水団《スイトン》」などと同じで、小さく丸めた物に、名詞を作る接尾語「子」が付いた語であろう。別に、室町時代の国語辞典『運歩色葉集《ウンボいろはシュウ》』に、「団《ダン》粉《こ》」とあるので、材料の「粉」に着目していわれるようになった物とも考えられる。「子」は、小さい物や道具の名に付けて用いる名詞を作る接尾語で、「椅子」「帽子」「冊子」「菓子」「緞子」など多くの漢字語で使われる。

【丹念】

タンネン　和語

「丹」は、水銀と硫黄が化合した赤い結晶の鉱物。赤は、まじり気のないことを表す。

注意深く、念を入れて行うようすをいう語。類義語に「丹精《タンセイ》」があるが、どちらも日本製の漢字語。「丹」は、「井」と「丶」から成り、井型の土の枠の中から出た赤い砂を表し、水銀と硫黄が化合した赤い結晶の鉱物（丹砂）の一種。丹精が赤い色をしていることから、「丹頂《タンチョウ》（頭の頂が赤い鶴）」や、「丹霞《タンカ》（赤い夕焼け雲）」などの熟語となった。また、赤色は、まじり気のないことをあらわすことから、「丹心（まごころ）」や、「丹誠（誠実な心）」などが使われ、「丹念」の語が生まれた。

＊【丹念】　古代中国の道家が丹砂を原料として薬剤をつくったことから、「萬金丹」「仙丹」などのように丸薬をいうようになった。

□ 能力に堪えることがもと

堪能

□ 「衣服を着る」ことだったが

着服

□ もとは寺院の事務を扱う役職

知事

□ 「徳利」ともいう

銚子

□ 馬を走らせることだった

馳走

□ 「つうや」ともいう

通夜

【堪能】

タンノウ　漢語

初めは、才能がすぐれていることだったが、技芸や仕事が上達することや満足するという意味に変化した。

「堪」という漢字は、「堪忍袋《カンニンぶくろ》」のように、呉音・漢音ともに、「カン」である。しかし、「堪」は「湛《タン》」から類推し慣用音として「タン」と読まれるようになった。「堪能」も本来、「カンノウ」と読まれ、能力があって、それをするのに堪える→才能がすぐれているという漢語であったが、日本語として「語学に堪能な人」とか、「中華料理を堪能した」のように、①技芸や仕事が上達する、②十分味わって満足する、という意味に変化して使われるようになった。

【知事】

チジ　漢語

「事を知《つかさ》どる」という一般語が、宋代に中央の役人が地方の州や県に派遣され、官職名になった。

東京都知事が選挙の際、大金を不正に借りたことが原因で辞職した。「知事」とは、サンスクリット語から出た語で、寺院の事務を扱う役職のことを言った。それが、地方長官の名称に転用された。漢語としては、「事を知《つかさ》どる」という一般語だったが、ある期間だけ仮にその官職を行うことを、「権知《ゴンチ》（権《かり》に知《つかさど》る）」と言い、宋代に中央の役人が地方の州や県に派遣され、「権知某県事（権《かり》に某県の事を司る）」と言われるようになったことから官職名となった。

＊【知事】①　1868（明治元）年、知府事・知藩事・知県事を置いていたのが最初。その後、東京・京都・大阪だけを「知事」とし、他の県は「県令・権令」と呼んだ。

【馳走】

チソウ　漢語

人の世話をするために走りまわることから、心をこめてもてなす、立派な料理の意味へと転用された。

「馳」は、「馬＋也（横にのばす）」で、馬を勢いよく走らせること。「走」は、両手を振ってはしる人の姿を表す上部と、足の形を表す下部から成り立ち、人が手足を広げてはしるようすを表している。「馳走」とは、初めは馬を走らせるの意味だったものが、意味が拡大し、人の世話をするために走りまわる→食事の用意のために走りまわる→心をこめてもてなす→立派な料理の意味へと転じた。『今昔物語』に、「音《こえ》を挙げて吠え叫びて東西に馳走す」と出ている。

【着服】

チャクフク　漢語

のちに、あずかっている他人の金品を盗んで自分のものにすることになり「著服」と書かれた。

「着服」とは、あずかっている他人の金品を盗んで自分のものにすることだが、由来は未詳。最初は文字通り「衣服を着る」ことをいった。もとは「執着《シュウチャク》」「愛《アイ》着《チャク》」「著服《チャクフク》」と書かれた。「着」は、唐代以後の「著」の俗字で、近世になって「著」と区別して使われるようになった。「著」は「チョ」と読むときは、①「著者」、「名著」のように、書き表した物の意、②「顕著」、「著名」のように、はっきりしている、いちじるしいの意となる。

＊【知事】②　1886（明治19）年、地方官制度により、日本全国をすべて「知事」と呼ぶようになった。

【銚子】

チョウシ

和語

「銚」は、金属製の農具の鋤のこと。やがて、長い柄のついた金属製・木製の器のことをいった。

居酒屋で「お銚子三本熱燗《アツカン》で」などと注文する「銚子」は、「徳利《トックリ》」のことだが、本来、まったくの別物だった。「銚」とは、金属製の農具の鋤《すき》のことで、同音の「吊（つるす）」に当てて用いられていたため、つるがついて、つるして下げられる形をしていた鍋のことをいった。『和名類聚抄《ワミョウルイジュショウ》』には、「佐之奈遍《サシナヘ》」とあり、提子《ひさげ》の形をしていたことがわかる。中世になって、酒を入れて杯につぐ長い柄のついた金属製・木製の器のことをいい、近世以降、「徳利」のことをいうようになった。

【通夜】

ツヤ

漢語

文字通り「夜通し」の意味で、葬式の前夜に家族や近親者が寺や神社に籠り、読経勤行して故人をしのぶこと。

死者を葬《ほうむ》る前に、死者の家族や近親者が夜を通して棺《ひつぎ》を守ること。「つうや」ともいう。漢語としては「通夜」は、文字通り「夜通し」の意味だった。『色葉字類抄』（黒川本）に、「ヨモスガラ、ツウヤ」と出ている。日本でも古くは、葬式の前夜に家族や近親者だけが寺や神社に籠り、読経勤行して故人の生前をしのんで一夜を過ごすことをいった。現在では、日中の業務の都合で葬儀・告別式に出席できない人のために、夜間の通夜で供養をすますことが多くなっている。

＊【銚子】　千葉県の銚子は、利根川の河口が「銚子」の形に似ていて、入り口が狭く、中が広いことから名づけられという。江戸時代の『甲子夜話』に出ている。

漢字の径《こみち》⑥

「部首」名と語源②

こざとへん【小里偏】

【形】「阜」が偏になった「阝」の形。同じ形で旁《つくり》になっているものは「大里《おおざと》」と言って区別される。

【意味】小高い丘や、盛り土、小さい村里に関係することを表していることから。

【漢字】院・階・隊・陸など。

ころもへん【衣偏】

【形】「衣」が偏になったときの「衤」の形。「衤」は「衣」の別の形。

【意味】衣服の製造や状態などに関係することを表していることから。

【漢字】衿・袂・被・補・複など。

さんずい【三水】

【形】「水」の古い形の「氵」。

【意味】「氵」は三画の水であることから「三水《さんずい》」といわれた。もとは、「水」と同じ部首だった。水の状態に関することを表している。

【漢字】海・活・汽・池など。

しかばね【尸】

【形】「尸」の形。

【意味】「死尸《しかばね》」のことで、「屍（人の死体）」に含まれていて、人体に関係することを表していることから。「かばねたれ」とも言う。

【漢字】尿・尾・屋・局・居・属など。

しめすへん【示偏】

【形】「示」の形が変化して偏になったときの「礻」の形から。

【意味】神や祭礼に関係することを表している。

【漢字】社・神・福・礼・祝・祖など。

しんにょう【之繞】

【形】「辵」が偏になったときの形。

【意味】「辶」が、繞《にょう》（漢字の左から下にかけて曲がる形）になっていることから「辶繞」と言われ、「しんにょう」「しんにゅう」とも言われるようになったもの。道を歩くことに関係することを表している。

【漢字】遠・近・週・適・道など。

なべぶた【鍋蓋】

【形】鍋の蓋の形に似ている「亠」の形から。

【意味】特別な意味は表していない。「卦算《けいさん》（易の算木、文鎮）」の形に似ているところから、「けいさんかんむり」とも言う。

【漢字】京・交・亡・亥・享など。

にくづき【肉月】

【形】「月」の形。

【意味】「肉」の古い字が「月」に似ていたので、それと区別して名づけられた。身体の各部に関係することを表している。

【漢字】育・胃・腸・脈・胸・臓など。

にすい【二水】

【形】氷を透かしたときに見える筋目の「冫」の形。

【意味】「氵」を「三水」というのに対して、「冫」は「二水《にすい》」という意味から。こおる、冷たいことを表している。

【漢字】冷・凍・冴・冽・凋など。

にんべん【人偏】

【形】「人《にん》」が偏になったときの「亻」の形から。もとは、「人」と同じ部首だったが、形が違うので別の部首となった。

【意味】人の性質や動作・状態などに関係することを表している。

【漢字】休・何・作・体・傷・信など。

のぎへん【禾偏】

【形】穂が垂れ下がった植物の形「禾」が偏になったときの「禾」の形。

【意味】片仮名の「ノ」と「木」が合わさった形の偏なので、「ノ《ノ》木《ギ》偏」と言う。

稲や穀物に関係することを表している。

【漢字】科・秋・秒・稔・種・稲・穂など。

ひよみとり【日読酉】

【形】「酉」は、口の細い酒壺の形。

【意味】「日読」とは、暦のこと。「酉」は、暦の上で十二支の「とり」と読まれたことから、「隹」「鳥」と区別して名づけられた。「酒」の旁から、「さけのとり」とも言う。酒に関係することを表している。「とりへん」とも言う。

【漢字】酒・酌・酢・酔・酸など。

ふるとり【隹】

【形】「隹」の形。

【意味】「舊（「旧」のもとの字）」という漢字に「隹」が含まれているので、「ふるいとり」の意味から、「鳥」と区別して名づけられた。

【漢字】集・雑・雀・雉・雁・雛・難など。

ぼくづくり【攴旁】

【形】「攴《ぼく》」は、棒を手に持って打つ姿。

【意味】「攴《ぼく》」の音から「ぼくにょう」、片仮名の「ノ」と「文」の合わさった「攵」形から「のぶん」、「卜」と「又」の合わさった形から「とまた」とも言う。打つことや、しいて行うことに関係することを表している。

【漢字】教・整・放・改など。

ほこがまえ・ほこづくり【戈構】

【形】先がかぎ型になった「戈《ほこ》」の形から。

【意味】「戈」を使った戦争に関することを表している。

【漢字】成・戦・我・戒など。

まだれ【麻垂】

【形】「麻《ま》」の垂《たれ》の「广」の形をしていることから。しかし、「麻」は「あさかんむり」で別の部首。

【意味】家屋や建物に関係していることを表している。

【漢字】広・店・庫・庭など。

やまいだれ【病垂】

【形】「病」の垂れの「疒」の形。

【意味】病気や傷害などに関係することを表している。

【漢字】疫・疾・疲・病・癌など。

りっしんべん【立心偏】

【形】「心」が偏になって立っている「忄」の形をしていることから。

【意味】愛情や意志に関係することを表している。

【漢字】性・怪・快・怖・忙・怯など。

りっとう【立刀】

【形】「刀」が旁になって、立っている「刂」の形をしていることから。

【意味】刃物や、物を切ることや、刃物のようにするどいということを表している。もとは「刀」と同じ部首だった。

【漢字】前・列・副・別など。

るまた【殳旁】

【形】「殳《ほこ》」が旁《つくり》になったときの形。

【意味】手で行われる動作に関係することを表している。片仮名の「ル」と「又」が合わさった形から「るまた」、また、「殳《ほこ》」から「ほこづくり」とも言う。

【漢字】殴・殺・段・殿など。

れんが【連火】

【形】「火」が変化して、脚になったときの「灬」の形。

【意味】「火」が連なった形、また、列になって並んでいる形をしていることから。火や熱の性質・作用などに関係することを表している。もとは、「火」と同じ部首だったが、形が違うので別の部首となった。「列火《れっか》」とも言う。

【漢字】点・照・然・熱・熟など。

丁寧

もとは、「叮嚀」と書いた

兎角

ウサギの角とは？

道具

「道」が使われているわけは？

図書

「河図洛書」から出た語

幐本

「幐」が意味するものは？

徳利

容器から注がれる酒の音

【丁寧】テイネイ

漢語

「丁寧」は、古代中国の軍隊で警戒のために鳴らした鉦のこと。鉦の音が遠くまで伝わるよう念入りに鳴らした。

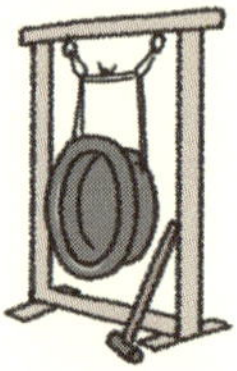

もとは「叮嚀」と書かれていたが、「叮」も「嚀」も「当用漢字表」に含まれていないため、同音の当用漢字に書き換えられ「丁寧」となった。しかし、もともと古代中国では「丁寧」と書かれていた。その上、字義をより明確にするため「口」を添えて書くようになった。「丁寧」とは、古代中国の軍隊で警戒の知らせのために鳴らした鉦《かね》のことで、鉦の音が遠くまで伝わるために「丁寧」を念入りに鳴らさなければならないことから、念入りという意味になった。

【道具】ドウグ

仏語

もとは、「仏道の具」の意で修行するための器具のこと。衣や托鉢に使う鉄鉢をいった。

この語はもと、「仏道の具」の意で、修行するための器具のことをさした禅宗や密教の言葉。衣や托鉢《タクハツ》に使う鉄鉢など。「道」とは、「辶（足の動作→歩くみち）」と「首」から成り、首を向けて歩いていくみちのことを表した。後に、人の行うみち→基準とすべき技芸の意味となり、茶道・華道・柔道などと使われるようになった。「具」は、上部は鼎《かなえ》の形、下部は両手を添えている形で、食材を鼎にそろえてそなえる→そろえたいろいろの物の意味となった。

【謄本】

トウホン　漢語

「謄」は、紙を原本の上に乗せて文字を敷き写すこと。「戸籍謄本」は戸籍の全部を写したもの。

一般には、「戸籍謄本」、または「登記簿謄本」の略称として使われる漢字語。戸籍の記載の全部を写した物。「戸籍抄本《ショウホン》」が戸籍の記載のうち、請求者の指定した部分だけを写した物であるものに対していわれる。「謄」は、「朕《チン》」と「言」から成り、紙を原本の上に乗せて言葉（文字）を敷き写すこと。ガリ版の別名の「謄写版」はその意。「朕」は、「月（＝舟）」を両手で持ち上げる姿をあらわしたもので、水上の舟を持ち上げる浮力のこと。

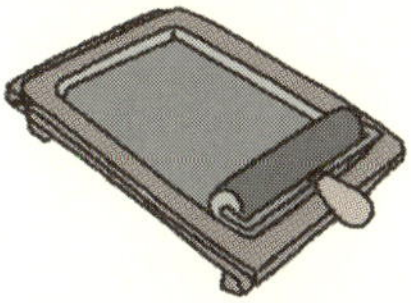

【兎角】

トカク　和語

「兎」の「角」のように見えるものは耳で、それを議論するのは無駄であるという故事から生まれた。

副詞「と」と、副詞「かく」の合成語。中古文学作品に多く見られる。意味は、①あれや、これや。「兎角するうちに、一か月たった」。②自然にある傾向になるようす。ともすれば。ややもすれば。「兎角この世は住みにくい」。③とにかく。どっちみち。「左右《とかく》」とも書かれた。中国四世紀の六朝時代の志怪《シカイ》小説に見える。「兎《うさぎ》」の「角《つの》」のように見えるものは実は耳なので、兎についてあれやこれや議論するのは無駄であるという故事から生まれたという。

＊【謄本】「朕」は浮力の意味から転じて、自分のことを持ち上げる自称の意となった。秦の始皇帝が自称として使ってから天子に限って使われるようになった。

【図書】

トショ　漢語

「河図」は古代伝説上の絵図、「洛書」は文書のこと。そこから、図と文書を「図書」といった。

現代では「トショ」と読むが、古くは「ヅ（ズ）ショ」と読み、明治中頃までは「図書館」も「ヅショカン」であった。旧宮内省で皇室の記録や書物の収集・保管をつかさどった部局は「図書寮《ズショリョウ》」と呼ばれていた。この漢語は、『易経』の中の「河《カ》は図《ト》を出し、洛《ラク》は書《ショ》を出す。聖人之《これ》に則《のっと》る」という文の「河図洛書」から出た語。「河図」は古代伝説上の絵図（竜図）、「洛書」は文書（亀書）のこと。つまり、「図書」とは、図と文書を言った漢語。

【徳利】

トックリ・トクリ　和語

酒の注がれる音から、徳が出てくる仏の容器の意となったという説があるが、定説はない。

細長くて、口のせまい酒を入れる陶製、または金属製の容器。中国では同じ形をした物を、意味がわかりやすい「酒壷《さかつぼ》」という。語源は、とくり、とくり、とくりと酒が出てくるからとか、この中から徳が出てくる仏の容器の意からという説があるが、定説とはなっていない。「徳」と「利」の漢字が、百薬の長としての酒の功徳の意として使われたものであろうか。表記も「得利」「土木李」「徳裏」などが古辞書に見える。

＊【図書】「図」は「ズ」が呉音、「ト」は漢音で、前者は書いた物、後者は、はかりごとと、使い方が分れる。このように音と意味が一致する例は少い。

□「貧着・貧者」が語源

頓着

□もとは「暖気」という漢語

呑気
暢気

□名になぜ「前」の字がつく？

名前

□「手」の字が使われるわけは？

派手

□商店の軒先に垂らしてある布

暖簾

□もとは怪獣の名

贔屓

【頓着】

トンジャク・トンチャク　仏語

むさぼり求めること、執着することという意味が、物事を深く気にかけることをいうようになった。

仏教語の「貪着・貪著」から転じた語。初めは、むさぼり求めること、執着することの意味だった。「此の人、世に有りて五欲に貪着し、財宝を愛憎して更に無常を悟らず」と、『今昔物語』に出ている。その後、仏教語の意味から転じて、広く物事を深く気にかけることをいうようになり、「あまり服装には頓着しない」とか、「無頓着な金使い」のように、「ない」や「無」の打ち消しの語をともなって使われるようになった。「頓着」の表記は江戸時代から見られる。

【名前】

なまえ　和語

「前」は、複合語を構成する一部分。その人に関する語について、その人特有の属性や機能を強調する。

日本語の「前」の語源は、「ま（目）」＋「へ（方・辺）」で、「しりへ」の対義語とされる。「名前」の「前」は、品詞としては実質名詞ではなくて、複合語を構成する一部分で、造語成分ともいわれる。意味は、その人に関する語について、その人特有の属性や機能を強調し、自分にわり当てられたものの意味を表すと考えられ、「男前」「気前」「腕前」などの「前」と同じ用法。もともと、単に「名」として使われていたが、近世以降、「名前」として使われるようになった。

商標になった「男前」

＊【名前】「前」を敬称とする説もある。

【暖簾】ノレン　漢語

室町時代、禅宗とともに中国から伝わった物で、室内を暖めるために垂れ下げたとばり（幕）。

商店の軒先や出入り口に、店の屋号や家紋を染めて垂《た》らしてある布。また、その店の名前や信用のこと。古くは「ノウレン」「ノンレン」ともいわれた。室町時代後期の「洛中洛外図」には、京都の大商店の暖簾が描かれている。室町時代、禅宗とともに中国から伝わった。もともと、禅家において寒さを防ぎ室内を暖めるために垂れ下げたとばりのこと。「ノンレン」→「ノウレン」→「ノレン」と変化した。「暖」は漢語が「ダン」、「ノン」は唐宋音。

【呑気・暢気】ノンキ　和語

「暖かい気候」の意で使われていたが、のんびりしている、気長なようすなどの意味から、「呑」が当てられた。

温暖な気候という意味の「暖気《ダンキ》」という漢語が後に、「ノンキ」と読まれるようになり、それに「呑気・暢気」という漢語を当てた日本製の漢字語。漢語としては、「暖かい気候」の意で使われていたが、のんびりしている、気長なようすなどの意味から、「呑」が当てられた。『日葡辞書』には、「Nonqi ノンキ（暖気）気晴らし」と出ている。

＊【呑気・暢気】　唐宋音の漢語としては、「普請・行灯・提灯・風鈴・和尚・杏子」などがある。

【派手】はで　和語

三味線で「本手」を破ったにぎやかな弾き方を「破手」といったことから出たという説が有力。

動作・服装・性格などが華やかで、人目を引くようすをいい、「地味《ジみ》」の反対。元禄時代、歌舞伎や遊里の風俗などを評すときに多用され、浮世草子や洒落本などに頻出する。語源は三味線で、「本手《ホンで》（基本となる正式の手法）」を破ったにぎやかな弾き方を「破手」といったことから出たという説が有力だが、「映手《はえて》（目立った動作・手法）」の略からという別説もある。「破手・端手・葉手」などとも書かれ、「破・端・葉」という漢字の字義を生かそうとしたことがうかがえる。

【贔屓】ヒキ・ヒイキ　漢語

「贔屓」は、重みを支える大きな亀のこと。他人のために大きな力を出すことから現代の意になった。

石碑を支える贔屓

自分の気に入った人や店を特にかわいがったり、力添えをしたりすること。また、その人のこと。漢語「贔屓《ヒキ》」の転じた語。もとは、怪獣の名で、重みを支える大きな亀のこと。重い物を背負うのを好むので、石碑の下などに石を負った形に彫られていることが多い。その動物と同じように、他人のために大きな力を出すことから、日本では現在使われている意となった。漢語は、ヒイヒイと鼻息を吹いて頑張っているようすからきているともいわれる。

＊【贔屓】『色葉字類抄』に、「ヒイキ・チカラオコシ」とある。

□ 漢語では「シカン」と読む
只管

□ 「不」は否定の意
不断
普段

□ 原義は「風が流れる」こと
風流

□ もとは、動物の毛の色のこと
物色

□ 普く請うこと
普請

□ 訓読みが音読みに
物騒

【只管】

ひたすら・シカン　漢語

「只」は、ただそれだけ、「管」はかまう、つかさどるの意。そのものだけに心が向かうようすの意。

「只管」という漢語は宋代以後中国で使われるようになった俗語で、他のことにかまわず、ただそれだけのことに集中するようすをいう。禅宗で無念無想ひたすら座禅をすることを「只《シ》管《カン》打《タ》坐《ザ》」というのはその意味。「只」は、ただそれだけ、「管」はかまう、つかさどるの意。宋代以前は「ただ」と同じ意味の「祇」を使って「祇管」とも書かれている。日本語としては「ひたすら」と読み、そのものだけに心が向かうようすをいう。「一向」とも書かれる。

【風流】

フウリュウ　漢語

自在に変化する風のように型にはまらないようすのことで、その後、時を経て現代の意味になった。

原義は文字通り「風が流れる」意で、風のように型にはまらないようすのこと。後、先王の美風のなごりの意味で使われ、『後漢書』に、「黔首《ケンシュ》（黒い頭、人民のこと）は風流を仰ぐ」と出ている。日本でも初めはそれに近い意味で使われ、昔から残されてきたよい習慣や気風のことをさした。室町時代の辞書『運《ウン》歩《ポ》色葉《いろは》集《シュウ》』に、「風流、遺風余風之儀也」と記されている。その後、人工的に意匠をこらしたもの、また、「風流韻事《インジ》（上品な遊びや、自然に親しみ詩歌を作ること）」をさした。

＊【風流】『奥の細道』の「風流のはじめや奥の田植歌」はその意。

【普請】フシン　仏語

寺院で大がかりの建築や改修工事などを行うとき、檀家などに金銭や労力のお願いをすることから。

土木・建築などの工事のこと。また、そうしてでき上がった物のこと。「道普請」や「安普請」などと使われる。もとは、禅宗の用語で、寺院では大がかりの建築や改修工事などを行うとき、檀家や檀徒に金銭や労力のお願いをすることが言葉の起こり。「普(あまね)く諸人に請(こ)い、事を作《な》す故に普請といふ」と、室町時代の国語辞書『下学集《カガクシュウ》』に出ている。「請」を「シン」と読むのは、鎌倉時代の禅僧が伝えた音で、それ以前は「ショウ(呉音)」「セイ(漢音)」である。

【不断・普段】フダン　漢語

もとは、物事がとだえることがない意。「普段」「普断」は、明治以降の書き方。

①断えることなく続くこと。「不断の努力の賜物」、②決断がにぶいようす。「優柔不断の態度」、③いつも。平生。「普段はおとなしいが、怒り出すとこわい」などのように使われるが、もともと、中国古典の中に「不断」として出てくる漢語で、物事がとだえることがない意。日本では、中古以降、物語などに読経の方法として多く出ている。「初夜より始めて、法華経を不断に読ませ給ふ」(『源氏物語』総角)「普段」「普断」は、明治以降の書き方。

【物色】

ブッショク　漢語

動物の毛の色のことから、物の形・姿の意味に。さらに、多くの中から適当なものを探す意に。

古代中国で使われていた漢語で、最初は文字通り、①動物の毛の色のことをいった。その後、②物の形・姿の意味に展開、さらにその意味から、③自然界の色や形のことをいうようになった。その後、唐代の詩人寒山《カンザン》の詩に、「春来たって物色鮮やかなり」とあるのはその意。その後、④ある人物の特徴を書いた人相書きを目当てに人を探すという日本語の意味として使われ、さらに、多くの中から適当なものをあれこれさがすという現代の意味になった。

【物騒】

ブッソウ　和語

「物騒がし」という中古の古語を漢語化したものとの説があるが、異説もある。

いつどんな悪いことが起こるかわからない、あぶなっかしいようすをいう語。国語学者山田孝雄は、語源は「物騒がし」という中古の古語を漢語化したものと説明している。しかし、落ち着きがないこと、危険なことの意味の古典語「物忩《ブッソウ》」が転じたものであろうという説もある。近世の『節用集』ではほとんど、「物忩」と表記され、歴史的仮名遣いであれば、「ぶっさう」でなくてはならないのに、「ぶっそう」であることがその理由。「忩」は「怱」の異字体で、あわただしいさまの意。

漢字の径《こみち》⑦

「単語家族」とはなんだろう

古代の漢民族は、動物の外形や感触を基本として、同じ性状のものを一括《イッカツ》し、同じことばが似通っていることばで言い表すという習慣をもっていた。そのため、音の似たものは原則として共通のイメージがあることを知っていた。

たとえば、「セイ」の音を持つ「青（靑）」という漢字は、「生（あおい草の芽ばえ）」と「井（井戸の中に清水のたまってるようす）」から成っていて、あおい草や清水のような澄みきった色を表している。

晴　「日」＋「靑」で、澄みきったお日さま→はれ
清　「氵（水）」＋「靑」で、澄みきった水→しみず
静　「争」＋「靑」で、争いが終わり、周囲が澄みわたったようす→しずか
情　「忄（心）」＋「靑」で、澄みきった心→まごころ
精　「米（こめ）」＋「靑」で、よごれを取り去った澄みきった米→白くなった米
請　「言」＋「靑」で、澄みきった心で物事をたのむ→こう

このような漢字同士のグループを「単語家族（ワードファミリー）」という。最古の漢語の音韻体系を再構築して、音の類似した語彙を分類し、グループごとにその核心となる基本義をとらえようとしたものである。これはスウェーデンの言語学者　カールグレン（一八八九〜一九七八）の『Tram mata Serica Resensa』（一九五七）の説を先駆として、中国語学者藤堂明保が『漢

字語源辞典』（一九六五）の中で発展させた。以下、『単語家族』の例を示しておく。

反 そりかえる。もとへもどる

坂 そりかえった土地

板 そりかえるようにした木のいた

飯 米粒がふやけて、ばらばらになった玄米のめし

版 うすくけずり、そりかえるようにした木のはし

販 行ったりもどったりして、商売をする

返 来た道をもどる。かえる

＊

方 左右に柄のはり出たすきを描いた形

放 物を持った指を両側にのばしてはなす。また、緊張を解いて、上下左右にのばす。はなつ。

訪 右に左にことばでたずねる。

芳 植物のかおりが、左右、上下に広がる。

防 中心から左右に長く土盛りをして、水の流れをおさえる。ふせぐ。またそのための堤防。

妨 女の人の前に両手を左右に広げて立ちはだかる。さまたげる。

房 主屋の両脇に張り出た、小部屋。へや。

坊 四方に張り出した通り。また、四角く区切った町並み。

紡 左右の両側から繊維を引き出し、それをつむぎ合わせて糸を作る。つむぐ。

肪 体がふとって、あちこちがぱんぱんにはる。また、体のあぶら。

□
「蒲」は、蒲の穂のこと
蒲団
布団

□
「易」は「かえる」こと
辟易

□
なぜ「風」がつくのだろう？
風呂

□
もとは「別品」と書いた
別嬪

□
惑わないという意味
不惑

□
「勉」も「強」も同じ意味
勉強

【蒲団・布団】

フトン 仏語

蒲の穂を中につめこんだ団子形の敷き物、または蒲の葉を編んだ扁平の円座が語源。

現在では同音の書き換えで「布団」と書くが、これは当て字。もとは「蒲団」と書いた。「トン」の音は、唐代以後に伝わった唐音で、それ以前はダン（呉音）・タン（漢音）。蒲《がま》の穂を中につめこんだ団子形の敷き物、または蒲の葉を編んだ扁平の円座が語源。もともとは、禅宗の寺院で座禅をするときに使われていたが、近世になって綿の栽培が盛んになったため、綿を使うようになり、寝具を含めた呼び名として広がった。「団」は、円形のさまや、円いかたまりなった人達や物の意。

【風呂】

フロ 和語

語源は、岩屋の意の「室」が有力だが、茶の湯の炉の「風炉」とする説もある。

日本では風呂は、古くから温風に当たって発汗を目的にした蒸し風呂だったが、後に湯屋の中の湯につかるものとなり、江戸時代中期以降、現在と同じように浴槽を置いてその中に入るようになった。語源は、蒸し風呂が主であったことから、岩屋の意の「室《むろ》」であるとするのが有力だが、別に釜をかけて湯を沸かす茶の湯の炉の「風炉《フウロ》」であるとする説もある。その他、「湯室《ゆむろ》」から転じたものとも。変わった説として、上海語の入浴の意の「沕浴《ホヨク》」が転じたとするのがある。

＊【風呂】「風」を「フ」と読むのは「フウ」より古く、「風土記」「風情」などに残っている。

【不惑】 フワク

漢語 現在も年齢の別称で使う「不惑」は、孔子のことば、「古希」は、杜甫の詩がもと。

『論語』為政篇に出てくる孔子の「不惑《フワク》」や「短命《チメイ》」の語は現在も年齢の別称として使われている。以下、年齢順に掲げる。志学《シガク》（十有五《ジュウユウゴ》にして学を志《こころざ》す）而立《ジリツ》（三十にして立《た》つ）不惑《フワク》（四十にして惑《まど》わず）知命《チメイ》（五十にして天命《テンメイ》を知《し》る）耳順《ジジュン》（六十にして耳従《みみしたが》う）従心《ジュウシン》（七十にして心の欲《ほっ》する所に従いて矩《のり》を踰《こ》えず）その他、唐代の詩人杜甫《トホ》「曲江詩《キョッコウシ》」の古希《コキ》（人生七十古来稀《まれ》なり）も有名。

【辟易】 ヘキエキ

漢語 本来は、「横に辟けて場所を易える」という漢語。「辟」を「避」に当てた用法。

相手の勢いに押されて、たじろぐこと。また、うんざりして閉口することの意味の漢語。「部長に長々とまくしたてられ辟易した」のように使われるが、本来の意味は、「横に辟（さ）けて場所を易（か）える」という漢語。『史記』に、「人馬倶《とも》に驚き、辟易すること数里」と出ている。「辟」は、「戸（人）」＋「口」＋「辛（刑罰を加える刃物）」から成り、①人を処刑でおどして支配する君主のこと。②刃物で引き裂く。→「辟」を「避」に当てた用法から、横に辟ける意となった。

【別嬪】

ベッピン　漢語

「別品」は、特別の品物の意。転じて、特に美しい女の人のこと。「嬪」は、夫に連れ添う女、嫁の意。

原義は「別品」からで、特別の品物の意。転じて、特に美しい女の人のことをいうようになった語。「嬪」は、夫に連れ添う女、嫁の意から、身分の高い人の妻のこと。転じて、女性の美称となった。江戸時代末ごろから明治時代にかけて使われている。ちなみに、明治・大正時代には、旧制高等学校の学生たちが、この語に代わって、ドイツ語の「シャン（shön 美人）」を使って、学生気分を出していた。永井荷風の小説『つゆのあとさき』に、「実にシャンねえ。清岡先生の奥様よ」とある。

【勉強】

ベンキョウ　漢語

「勉」と「強」が合わさって、困難なことを無理してつとめるというのが本来の意味。

「勉」は、「免（＝分娩《ブンベン》）」と「力」から成り、無理して力を入れるという意味。「強」は、無理やりに押しつけ、強《し》いるという意味。そこで、「勉強」とは、困難なことを無理してつとめるというのが本来の意味。現代の中国語でもこの意味でしか使われていない。日本では明治時代以後、教育が普及し、もっぱら「学習にはげむ」の意味で使われるようになった。しかし、「今日は特売日だから勉強しちゃおう」のように、商品を安く売ろうと、無理するという本来の意味も残っている。

□同義語は「不義」だが
不倫

□この「殺」は、接尾語
忙殺

□漢字は食品とは無関係？
弁当

□「ホウテイ」とも呼ばれていた
庖丁
包丁

□ここでの「便」は？
便利

□「命」の意味は？
亡命

【不倫】

フリン　漢語

古くは、「前後不倫」のように、種類や程度が同じでないという意。「倫」は、同列に並んだ仲間のこと。

この語が、異性との関係で道徳からはずれることをいう語としてマスコミで広く使われるようになったのは一九八〇年代だろうか。近世以来使われていた「不義」と違い、刑罰のニュアンスが薄いことから使われるようになったものか。この語は古く、中国戦国時代の『韓非子《カンピシ》』の中で、「前後不倫」のように、種類や程度が同じでない意で使われている。「倫」とは、①同列に並んだ仲間。たぐい→②きちんと並んだ人間同志の間柄の意から、「倫理」「人倫」の語として使われている。

【弁当】

ベントウ　漢語

飯を盛って一人ずつの面前に配るための器の「面桶」が転じたといわれるが、なぜ「弁」となったかは不明。

「弁」も「当」も、食品の意味に関係ない漢字だが、どうして「弁当」と書かれるのであろうか。次のような語源説がある。①中国南宋時代、禅宗によって「便当」という漢語が伝わり、当座に便利な物→携帯用の食品の意で使われた、②「飯桶《ハンツウ》（飯を入れる器）」の変化したもの、③「面桶《メンツウ》（飯を盛って一人ずつの面前に配るための器）」の転化。④「弁（そな）えて用に当てた物」の意。この中で、③の説が有力とされるが、なぜ「弁（旧字、辦）」と書かれるようになったか、④以外は不明。

面桶

＊【弁当】　室町時代の漢籍の注釈書には、「便当」「便道」「弁道」の表記もある。器物ができたのは戦国時代で、それまでは「破子（わりこ）」を使っていた。

【便利】ベンリ　漢語

原義は、大便・小便がよく通じることだったが、転用され、都合がよくて重宝であることの意になった。

この漢語の原義は、大便・小便がよく通じることをいい、史書の『漢書』の中に出ている。仏教語としても同じ意味で使われ、また、日本語としても「一日の内に、飲食・便利・睡眠・言語・行歩、止むことを得ずして」と、『徒然草』（一〇八）に出ている。この意が変化して、都合がよくて重宝であることをいう現代語の意として使われるようになったのは、近世以後のことである。

【忙殺】ボウサツ　漢語

「殺」は、物事の程度がはなはだしいようすを表したり、上の漢字の意味を強めたりする接尾語。

「忙殺」の「殺」という漢字には、「ころす」という意味はなく、物事の程度がはなはだしいようすを表したり、上の漢字の意味を強めたりする接尾語。このように、漢語の中には、二字目、三字目の漢字が先に述べたような働きをする語がある。「黙殺」「笑殺」などの「殺」、「欠如」「突如」の「如」、「平然」「敢然」などの「然」、「断乎」「確乎」などの「乎」、「読破」「踏破」などの「破」、「帽子」「椅子」「扉子」などの「子」等々、すべてそのような接尾語である。

【庖丁・包丁】

ホウチョウ　漢語

「庖」は、くりや、台所のこと、「丁」は、壮年の男子。台所で料理をする人の意味がもと。

文字通り、「庖《ホウ》（くりや、台所）」の「丁《テイ》（壮年の男子）」のことで、台所で料理をする人の意味がもと。「ホウテイ」とも呼ばれていた。『荘子《ソウシ》』に料理人の名前として、「庖丁、文恵君《ブンケイクン》の為に牛を解く」と出ている。日本では中世になって、魚や鳥などを使った儀式的な調理法が流儀として発達したため、調理法の意味で使われるようになった。その後、料理した物→料理の腕前の意となった。現在、刺身庖丁や出刃庖丁などといって使っている料理用の刃物としての語は、「包丁刀」の略。

包丁師

【亡命】

ボウメイ　漢語

「亡」は、にげること。「命」は、名を記した戸籍のこと。他国へ逃げて戸籍から名を消すことから。

政治的・宗教的な理由などで、自国を脱出して他の国へ逃れて見えなくなること。「亡」は、にげる→にげて姿を隠す→見えなくするの意へと転じた。また、「命」は、名を記した戸籍のこと。この語は、『史記』の中にも出る古い漢語で、他国へ逃げて戸籍から名を消すことをいった。この場合、「命」は、名前を記した戸籍のこと。ちなみに、現代中国語では、この語は「命知らず」の意として使われている。

＊【庖丁・包丁】　古くは、現在のように野菜や蕎麦などを切るのには使わなかったといわれる。現代の中国語は、分かりやすい「菜刀」。

□「牧者・牧童」ともいう

牧師

□「万」の解釈が難しい

万引

□「ホンコ」の転じた語

反故
反古

□「見るべき事」の意

見事
美事

□「本命元辰」の略語がもと

本命

□古くは「トンサン・ドンサン」

土産

【牧師】ボクシ 漢語

世の中の人々を牧場にいる羊にたとえ、それを導く人の意で訳されたもの。

キリスト教のプロテスタントで、教区、教会の管理や、信者を導き説教をする職業の人。「牧」とは、古代中国で家畜を飼育すること。また、その役の人のこと。その後、広くやしなうことをいい、周代、牧場地をつかさどった官のことをいった。「牧守《ボクシュ》・牧伯《ボクハク》（地方長官）」が語例。「牧師」は、英語のprastoyの訳語で、「牧者・牧童」とも訳されている。世の中の人々を牧場にいる羊にたとえ、それを導く人の意で訳されたもの。日本では明治初期、この中国語を借用した。

【反故・反古】ホゴ 漢語

「反古」は本来、昔の状態に反ること。また、昔の法にそむくことの意の漢語。

「ホンコ」の転じた語で、近代以前はもっぱら「ホク・ホグ・ホウゴ」といわれた。書き損じたり不要になった紙や、役に立たなくなった物事のこと。「契約を一方的に反故にされた」のように使われる。「反古」は本来、①「反ルレ古ニ（古《いにし》に反《か》える）」の意で、昔の状態に反ること。また、②「反クレ古ニ（古にそむく）」で、昔の法にそむくことの意の漢語。『日葡辞書』の「Fongo」の項に、「Fôgu」の発音が出ている。『源氏物語』には、「ささやかに押し巻き合わせたるほくどものかび臭さを」とある。

＊【牧師】　カトリック教会では、一般的に「神父」という。聖職では、司教の下で司祭ともいわれる。

【本命】

ホンメイ　漢語

「本命元辰」は、自分の生まれた年の干支《えと》の意で、その年が、その人の本命。「本当の命中」説もある。

競馬や競輪などのレースで一着が予想される候補のこと。この語は本来、「ホンミョウ」と言い、自分の生まれた年の干支《えと》を意味する「本命元辰《ホンミョウゲンシン》」の略語だった。たとえば、寅年生まれの人は寅年がその人の本命。しかし、これとは別に、「本当の命中」から出たという説もあり語源は不確定。この語が競馬で使われるようになったのは大正末期といわれる。またこの語は、「次期経団連会長の本命はA氏らしい」などと、ある物事の最も有力と思われている人物や団体の意にも使われる。

【万引】

マンびき　和語

語源は、「間引」や、「万買」という語から出たという。「万」は「間」と「運」の合成ともいう。

客のふりをして、店員のすきを見はからって商品を盗むこと。また、その人。この語の語源について『大言海』は、「間引《まびき》（畑の野菜などを間引くこと）」からとしているが、異説もあり不明。古く、「万買《マンかい》」という語があり、そこから出たという。「買」は、近世の盗賊の隠語で盗むことをいったという。その他、「万」は「間《ま》」と「運《ウン》」の合成で、幸運をねらって盗むことからという別考もあるが疑問。「万」は、「いろいろな品物」の意だろうか。

＊【本命】　競馬で使われることから、「本馬」が語源とするのは民間語源説。

【見事・美事】みごと　和語

「見るべき事」、すなわち「見る値打ちがある事」が語源。「美事」は当て字。

①「見るべき事（見る値打ちがある事）」が語源。動詞「見る」の連用形「見」に、名詞「事」がついて濁音化した語。中世から使われている。『徒然草』で、「見事いと遅し。その程は桟敷不用なり」と出ている。②すばらしいようす。りっぱなようす。「見事なピアノの演奏」「見事な雪景色」。③反語的に使って、失敗や敗北などで、ひどい結果に終わるようす。「ものの見事に彼女にふられた」。「美事」は当て字。

【土産】みやげ　和語

「その土地の産物」が、旅先や外出先で買い求め、持ち帰る品物の意となったのは、近世初期。

今では「土産」は、「みやげ」と読むが、古くは「トンサン・ドンサン」と音読され、意味も「その土地の産物」だった。それが現在のように、旅先や外出先で買い求めた家などに持ち帰る品物の意となったのは、近世初期のことであろうといわれている。語源は、①「見上《みあ》げ（よく見、よく選んで人に差し上げる品物）」の古い形（『岩波古語辞典』補訂版）、②「みやこけ（都から持ち帰る笥《け》）」（『日本釈名』貝原益軒）、③「みやけ（屯倉。官倉。地方から都へ持ち帰る物）」（『大言海』）などがある。

□「冥」の意味とは？

冥加

□「刺」の意味とは？

名刺

□中国では「な」と「あざな」

名字 苗字

□本来は「迷い惑う」こと

迷惑

□「未だ練れず」と読む

未練

□「めどうな」が本来の語

面倒

【冥加】ミョウガ 仏語

「冥」は、奥深く見えないうちに、仏から力を加えられること。目に見えない神仏の加護。

「結婚して十年目、冥加にも子宝に恵まれた」とか、「こんな幸運に遭うなんて冥加に尽きる」などと使われ、目に見えない神仏の加護による幸せや、偶然の幸せ、利益のこと。また、「冥加金」の略で、神仏の加護に対するお礼として寺社に奉納する金銭のこと。このようにこの語は仏教語で、「冥々《メイメイ》（奥深く見えないようす）」のうちに、仏から力を加えられることをいうのが本来の意味。

【名字・苗字】ミョウジ 和語

「名」は本名、「字」は通称。日本では、武士が自分の領地名を自分の別称としたことからおこった。

その家の名。元来、中国では「名」と「字《あざな》」のこと。「名」は生まれたときに付けられる本名。「字」は通称。平安末期、武士が自分の名田《ミョウデン》（領地）の地名を自分の別称としたことからおこったという。「苗字」という表記は中世から見られる。「苗」が植物のなえのように、代々つながっていくことから使われたもの。江戸幕府は「苗字帯刀」として、武士以外にも勲功や善行のあった者には許した。明治政府は、一八七五（明治八）年、「苗字必称令」を出して、すべての家に名字をつけさせた。

＊【未練】「未練の狐ばけ損じる」と『徒然草』に出ている。
＊【迷惑】現代中国では、「迷う、戸惑う」の意で使われている。

【未練】

ミレン　漢語

「練」は、死後十三か月目に行う祭礼で着る喪服。まだそれを着ていないというのが本来の意。

「未」という漢字は、ある語の上に付けて打ち消しの意を表す。漢文では、「いまだ～ず」と訓読され、「未練」は、「未《いま》だ練《ね》れず」と読まれる。中国古典では、死後十三か月目に行う祭礼（小祥）に着る喪服のことを「錬《レン》」といい、それを着ることが終わっていないことの意で使われているが、日本古典では、「未《いま》だその事に熟練していない」という字義通りの意で使われている。現在では、「未練がましい」「別れた女に未練がある」など、執着が残っていて諦めきれないことの意味で使われる。

【名刺】

メイシ　漢語

「刺」は、刀でさすこと、またさす物。紙が発明される前、竹や木を削って自分名を記した名札が起源。

「刺《シ》」は、「朿（四方に鋭いとげの出た姿を描いた象形文字）」と「刂（刀）」の合成で、刀でとげのようにさすこと、また、さす物という意味の漢語。「刺繍」「刺殺」「諷刺」などが語例。「名刺」は、紙が発明される前、古代中国で竹や木を削って、その上に自分の姓名を記した名札のような物が起源。「謁《エツ》」「謁刺《エッシ》」ともいう。名刺を相手に差し出して面会を求めることを「刺《シ》を通ず」、面会を断ることを「刺を還す」といった。

＊【名刺】　清の考証学者趙翼（1727-1814）の『陔余叢考』の「名刺」の項に、詳しい歴史が書かれている。

【迷惑】メイワク 漢語

「迷い惑う」の意で使われていたが、後に、迷うことの原因に対して不快感が強調されるようになった。

この漢語は現在、私達が日常使っている意味と中国古典に出てくる意味では違いがある。日本語では、「はた迷惑なこと」「迷惑千万な話」などのように、他人のことで煩わしくて不快であることの意味で使われているが、本来の漢語は文字通り、「迷い惑う」の意で使われた。『荀子《ジュンシ》』の中の「民は迷惑して禍患《カカン》に陥る」はその例。しかし日本語でも古くは中国古典と同じに使われていたが、後に、迷うことの原因に対して不快感が強調されるようになった。

【面倒】メンドウ 和語

「目」に、無駄という意味の接尾語「だうな」がついた語。つまり、見るのが無駄という意から派生した。

「面倒」は、当て字。「目」に、無駄という意味の接尾語「だくな」→「だうな（どうな）」がついた語とされる。「だうな」がついた語としては、「手間だうな（手間をかけるのが無駄）」や、「矢だうな（矢を射るのが無駄）」などの古語がある。つまり、見るのが無駄という意から派生して、手間がかかって、するのが煩わしいの意となった。この他、①「めだるい（見ていて煩わしい）」の転用、②「馬道」の転用などの説がある。

＊【面倒】「馬道」とは、殿舎の間を廊下のように板を敷き渡した道路で、必要に応じて殿中に馬を引き入れるようにしてあり、そこを通るのが煩わしいことからいう。

漢字の径《こみち》⑧

「熟字訓」とはなんだろう

一九四八（昭和二十三）年に内閣告示された「当用漢字音訓表」が二五年経過して、一九七三（昭和四十八）年に改定されたのが、「当用漢字改定音訓表」である。この音訓表の末尾につけられたものが「付表」で、一字一字の漢字の音訓として掲げられないものが、一語の形で五十音順に一〇六語（一九八一年の『常用漢字表』では一一六字になった）掲げられた。この漢字二字以上で構成される熟語の訓読みの語が「熟字訓」といわれるものである。別に、「付表のことば」ともいわれている。以下、それを掲げる。

明日　あす
小豆　あずき
海女・海士　あま
硫黄　いおう
意気地　いくじ
田舎　いなか
息吹　いぶき
海原　うなばら
乳母　うば
浮気　うわき
浮つく　うわつく
笑顔　えがお
叔父・伯父　おじ
大人　おとな
乙女　おとめ
叔母・伯母　おば
お巡りさん　おまわりさん
御神酒　おみき
母屋・母家　おもや
母さん　かあさん
神楽　かぐら
河岸　かし
鍛冶　かじ
風邪　かぜ
固唾　かたず
仮名　かな
蚊帳　かや
為替　かわせ
河原・川原　かわら
昨日　きのう
今日　きょう
果物　くだもの
玄人　くろうと
今朝　けさ
景色　けしき
心地　ここち
居士　こじ
今年　ことし
早乙女　さおとめ
雑魚　ざこ

桟敷　さじき
差し支える　さしつかえる
五月　さつき
早苗　さなえ
五月雨　さみだれ
時雨　しぐれ
尻尾　しっぽ
竹刀　しない
老舗　しにせ
芝生　しばふ
清水　しみず
三味線　しゃみせん
砂利　じゃり
数珠　じゅず
上手　じょうず
白髪　しらが
素人　しろうと
師走　しわす
数寄屋・数奇屋　すきや
相撲　すもう
草履　ぞうり
山車　だし
太刀　たち
立ち退く　たちのく
七夕　たなばた
足袋　たび
稚児　ちご
一日　ついたち
築山　つきやま
梅雨　つゆ
凸凹　でこぼこ
手伝う　てつだう
伝馬船　てんません
投網　とあみ
父さん　とうさん
十重二十重　とえはたえ
読経　どきょう
時計　とけい
友達　ともだち
仲人　なこうど
名残　なごり
雪崩　なだれ
兄さん　にいさん
姉さん　ねえさん
野良　のら
祝詞　のりと
博士　はかせ
二十・二十歳　はたち
二十日　はつか
波止場　はとば
一人　ひとり
日和　ひより
二人　ふたり
二日　ふつか
吹雪　ふぶき
下手　へた
部屋　へや
迷子　まいご
真面目　まじめ
真っ赤　まっか
真っ青　まっさお
土産　みやげ
息子　むすこ
眼鏡　めがね
猛者　もさ
紅葉　もみじ
木綿　もめん
最寄り　もより
八百長　やおちょう
八百屋　やおや
大和　やまと
弥生　やよい
浴衣　ゆかた
行方　ゆくえ
寄席　よせ
若人　わこうど

＊【師走】「しはす」とも言う。

□「毛の頭」のことだが

毛頭

□「狼心野心」から出た語

野心

□「勿（なし）」は当て字

勿体 物体

□「家抱」の転用からか？

厄介

□「約」の意味とは？

約束

□江戸の遊里で使われた

野暮

【毛頭】

モウトウ　漢語

日本では、毛の先が細いことから、毛の先ほども→少しもの意として使われるようになった。

「今度の件では、君のことを疑う気は毛頭ない」のように、下に打ち消しの語を伴い、少しも、いささかもの意を表す語。漢語としては字義通り、①「毛の頭(先)」のこと。②幼い男の子は髪を結えないで垂らしていたことから、子供のこともいった。日本では、室町時代ごろから毛の先が細いことから、毛の先ほども→少しもの意として使われるようになったもの。なお、禅宗の寺では、「毛のはえた頭」の意味で、給仕する有髪の者のことをいう。

【勿体・物体】

モッタイ　和語

「物のあるべき姿」の意だったが、ものものしい人の態度や、とりつくろった態度のことの意に転用した。

「父はささいなことを勿体つけていう癖がある」とか、「衝動買いは勿体ない」のように使われる。本来、物の本体のことをいった語で、「物体」と書かれるべきで、「物のあるべき姿」の意だった。それが、→ものものしい人の態度や、とりつくろった態度のことをいうようになり、→「勿体なし」の形で使われるようになったため、「勿(なし)」の字を当てたといわれる。『日葡《ニッポ》辞書』には、「Mottainai」の項で、「耐えがたい、または不都合な」と説明している。

*【勿体・物体】 MOTTAINAIは、ノーベル平和賞受賞者のワンガリ・マータイさんによって、今では世界の共通語になっている。

【約束】

ヤクソク　漢語

「約」は、糸に結び目を作り、それを目印にして忘れないよう決めること。「束」は、くくる、締めつける意。

「約」は、「糸」＋「勺（杓の原字。ひしゃく）」で、糸のひもを引き締めて結び目を作り、それを目印にして忘れないよう決めるということ。①引き締める、つづめる、→②取り決める、取り決めたこと。「要約」「倹約」「契約」など。「束」は、薪《まき》を集めて、その真ん中にひもを丸く回してたばねた形の象形文字で、束にしてくくる、締めつけるの意。「結束」「束縛」など。『荘子』に出る「約束するに纆索《ボクサク》（より縄）を以てせず」の意味から、→物ごとを決める→取り決めた事がらの意に転じた。

【野心】

ヤシン　漢語

狼の子のような野獣の荒々しい心という意から、転用され、謀反を起こそうとする心の意味となった。

この漢語は、中国の後漢末に成った『春秋《シュンジュウ》左《サ》氏《シ》伝《デン》』に「狼《ロウ》心《シン》野《ヤ》心《シン》」と出る古い語。狼の子のような野獣の荒々しい心という意から、謀反を起こそうとする心の意味として使われた。後に、静かな田園の野原を楽しむ心の意にも使われた。日本語としては、「彼は高校時代から大それた野心を抱いていた」のように、その人の地位や能力をこえた大きな心や、「弟は芸術祭に野心作を出品した」のように、大きな飛躍を望んで新しいことに取り組もうとする気持ちの意にも使われる。

【厄介】

ヤッカイ　和語

語源は定説がないが、「家抱」の転じたもの、あるいは、「家居」の意で、同居人のことかといわれている。

現在では、①手間がかかって迷惑なこと、②面倒をみることの意味として使われているが、江戸時代には、家長の親族で扶養されていた者のことをいった。明治時代には、③他人の家に住んで食わせてもらう居候《いそうろう》のことをいうようになった。語源について、『大言海』は、「家抱《やかかへ》」の転じたものか、柳田国男は、「家居《やかゐ》（家に居る）」の意で、同居人のことかと説明している。表記は、「厄」に「介（とるにたらない人間、あるいは、助ける人間）」を付けたものと考えられる。

【野暮】

ヤボ　和語

江戸時代の遊里で、「粋」の反対語として使われた。語源は、「野夫（田舎者）」の転用という。

世情に通じていないこと。特に、男女関係に疎《うと》いことや、そのような人。「野暮」の表記は江戸時代中期以後見ることができる。遊里では「粋」の反対語として使われた。語源は、『和訓栞《ワクンのしおり》』の「野夫《ヤフ》（田舎者）」の転用というのが定説。田舎者の意は、『和英語林集成』の「Yabo」の項に「野父」として「inaka-mono」の意としていることからもうかがえる。「野夫」は、農夫・木樵《きこり》など田舎住まいの者の意の当て字。別に、「藪者《やぶもの》（田舎者）」の略転からともいう。

＊【厄介】　江戸時代の公用の届出書には、その家に居住している親族の者は、「誰某厄介何某（たれなにがしヤッカイなにがし）」と書かれている。

□ 由来の端緒という意味

由緒

□ 白居易は白楽天と名乗った

楽天

□ おこたること、ぬかりの意

油断

□ 口先が達者なことが原義

利口

□「要」は、「腰」と同じ

要領

□ 派を立てるとは？

立派

【由緒】 ユイショ 漢語

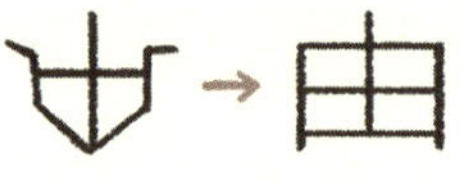

「由」は、口のすぼまった壺から物が出ること。「緒」は、糸巻きの糸の先端で、物事の始まりのこと。

物事の由来した端緒（タンショ、事の始まり）という意味の漢語。①その寺の由緒をたずねる、②由緒（来歴）ある家などと使われる。②は、日本独特の使われ方。「由」とは、口のすぼまった壺の形を描いた象形文字で、壺から汁や酒などを抜き出すことから、物事の出るもとの意。「事由・由来」がその語例。「緒」は糸巻きに巻いた糸の先端の意から、物事の始まりのこと。「緒戦・緒言」など。なお、「由」の訓の「よし」は、「寄す」の名詞形で、その物事にかかわったものの意から。

【油断】 ユダン 和語

「油多爾（寛《ゆた》に）」の音便から出た語で、「寛に」はゆっくりで、のんびりするようすから気を許すことに意になった。

日本の自動車工場で、「油断一秒　怪我一生」という標語を見た中国の工業関係者が、「さすが工業国の日本だ。油を一秒も断てば自分の一生がとがめられるのか」と感心したという話が週刊誌に載ったことがある。これは、「油断」と、「怪我」という漢字語の意味が日中でまったく違うことを教えてくれる話。『大言海』が『万葉集』の「油多爾《ユタニ》（寛《ゆた》に）」の音便から出た語で、「寛《ゆた》に（ゆっくり）」→のんびりするさま→気を許して、おこたること、ぬかりの意となったと記している。

＊【由緒】「由」を「ユイ」と読むのは、中国から伝わった漢字音以外の音で、慣用音という。「ユウ（呉音）」「ユ（漢音）」である。

【要領】

ヨウリョウ　漢語

「要」は腰のことで、物事のかなめ、肝心な点の意味。「領」は、えり首のこと。ともに物事のかなめ。

中国古典で古代から使われている語。「要」は「腰」と同じで、細くしまった人間の腰が原義。腰が人体のかなめの部分であることから、物事のかなめ、肝心な点の意味となった。「要点」「重要」がその語例。「領」は、えり首のこと、「要領」とは、①腰と、えり首、→②物事のかなめとなる大切な所の意。そこから、③日本語として、「要領の飲み込みが早い」のように、物事を上手に処理する方法という意味に使われるようになったもの。

「楽天知命」の扁額

【楽天】

ラクテン　漢語

『易経』の「天を楽しみ命を知る、故に憂えず」がもと。「楽天知命」という四字熟語としても使われた。

二〇一三年、プロ野球の楽天ゴールデンイーグルスが日本シリーズを制して、「楽天」の名を広めた。この語は、「楽天家」とか、「楽天的な性格」などのように、人生や社会に明るい見通しを持つことを意味する漢語だが、もとは、『易経』の「天を楽しみ命《メイ》を知る、故に憂えず」から出ていて、「楽天知命」という四字熟語としても使われた。この格言に忠実に人生を送ったのが、唐代の詩人白楽天《ハクラクテン》である。中央官僚から地方へ左遷され、人生の辛苦をなめながら、唐代一の詩を残した。

＊【油断】　この他に、『涅槃経（ハンニャキョウ）』からという説もあるが、疑問。

【利口】 リコウ

漢語

現代の意味になったのは、「利口」が「利根」と語形・語意が似ていることから。「利巧」「悧巧」とも表記される。

この漢語は古く、『論語』陽貨篇に、「利口の邦家を覆《くつがえ》すを悪《にく》む」と出ている。ここでは、「口が利である」という原義がいきていて、口先が達者で人にへつらうこと、また、そのような人の意味として使われている。この原義は、日本語としても使われ、中世の作品に多く見られる。現在、日常使う意味は日本語だけのもの。この用法が原義から派生したのは、「利口」が「利根《リコン》」と語形・語意とも似ているところからであろうといわれ、江戸時代初期から使われている。

【立派】 リッパ

漢語

「立破」から転用されたもの。「立破」は古代インドの論理学で、自説を立論し、他人の説を論破すること。

この漢語は次のような意味を持っている。①僧がある一派を立てること、②みごとで、すぐれているさま、③文句のつけようがなく十分なさま。このうち、②と③は、「立破」という語から転じたものといわれる。「立破」とは、因明《インミョウ》（古代インドの論理学で、物事の正邪・真偽を論証する学問）において、自分の説を立論することと、他人の説を論破することをいう。立論して相手の説を論破することがみごとであることを「立破分明」といい、その下の部分を略した語から成立した。

＊【利口】『今昔物語』に「行きて利口（言葉巧みに）に云ひ聞かせよ」とある。近世の書物には、「利巧」「悧巧」の表記もある。

□「不易流行」で広まった

流行

□以前は、「留主」とも書いた

留守

□「リョウカン」と読まれた

料簡

□宛名の脇に書き添える語

脇付①

□「理」の意味は？

料理

□まだある敬意を表する語

脇付②

【流行】

リュウコウ　漢語

原義は、川の水が流れるように、徳や疫病などが行き渡って広がること。

『孟子』（公孫丑・上）に、「徳之流行《スルハ》、速《すみやか》於置《チ》郵《ユウ》、而傳《フルなり》命《ヲ》」（仁徳があるというわさは、早飛脚で命令を伝えるよりも、なお速やかに天下に広がる）と出ている古い漢語。世の中に広く行われて、行き渡る意。原義は、川の水の流れるように徳や疫病などが行き渡って広がること。日本では、近世以降、俳諧の世界で人々の好みに合わせた句風のはやりをいうようになった。特に、芭蕉の弟子によって、「不易《フエキ》流行」の語で広まった。

【料簡】

リョウケン　漢語

「料」は、斗《ます》の中に米を入れてはかるという意味。「簡」は、より分けてえらび出すこと。

「料簡・了見・量見」などの表記があるが、本来は、「料簡・料揀」と書かれた漢語。「リョウカン」と読まれた。「料」は、「米」と「斗（ます）」から成り、斗の中に米を入れてはかる→物事を推しはかるという意味。「簡」は、「簡約（要点をえらび出してまとめる）」の語例のように、より分けてえらび出すこと。日本語としては、①思いめぐらすこと。考え。「文字につけて御料簡あるに、」（『太平記』）②分別して我慢するなどの意。

＊【料簡】『後漢書』に、「党人を大赦し、刺使二千石の能否を料簡す（推しはかる）」とある。

【料理】

リョウリ　漢語

「料」は、斗《ます》で穀物をはかることから、物事を推しはかる意に。「理」は、宝石の表面のすじのこと。

「料」は、「米」と「斗（ます）」から成り、斗で米などの穀物をはかるが原義。それから転用され、物事を推しはかるの意味となった。「理」は、「王（＝玉。宝石）」と「里（すじめをつけた土地）」で、宝石の表面のすじのことから、ことわりの意味となり、「道理・義理」などの語として使われ、さらに、物事をきちんと整えるの意で「調理・理髪」などの語となった。このように「料理」は、物事を取りはからって処理する→食べ物をきちんとこしらえる、また、こしらえた食べ物の意となった。

【留守】

ルス　漢語

天子の巡行中や出陣の間、代理として宮廷に留まり、国都を守ること、また、その役目の官の意味だった。

漢語としては「リュウシュ」と音で読み、天子の巡行中や出陣の間、その代理として宮廷に留まり国都を守ること、また、その役目の官の意味の語だった。唐代以後、官名となり、天使が都を離れたとき政務を代行する官のことをいうようになった。日本語としては、「ルス」と読まれ、初めは主人がいない間、その家に留まって、その家を守ることの意味だったが、後に、家人が外出して家にいないこと、不在の意で使われるようになった。以前は「留主」の表記も見られた。

＊【留守】「ル」「ス」ともに呉音なので、仏教に関係した語と考えられるが、立証されていない。

脇付

①わきづけ　和語

縦書きの封書で、宛名の左下に書き添える語。敬意をもって手紙を書くことの証明。

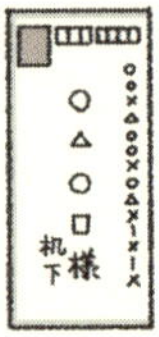

縦書きの封書で、宛名の左下に書き添え相手に対して敬意を表す語のこと。よく使われる語としては、「机下《キカ》（几下）」「侍史《ジシ》」「硯北《ケンボク》・研北」、「梧右《ゴユウ》・梧下《ゴカ》」などがある。「机下」とは、文字通り机の下という意で、相手の机の下に私の手紙を差し出しますという謙遜の語。「几」は、「机」の原字。「梧」とは、青桐のことで、桐で作った相手の机の意。「侍史」とは、身分の高い人のそばに侍《ジ》する書記のこと。書簡を直接相手に差し上げるのではなく、書き役を通して差し上げるという意。

脇付

②わきづけ　和語

「函丈」、「猊下」、そして、「御中」。伝えていきたい美しい習慣。

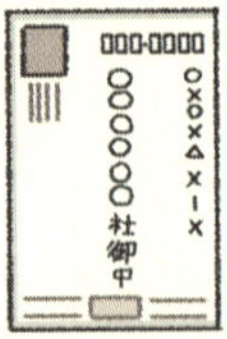

「脇付」にはこの他、「函丈《カンジョウ》」、「猊下《ゲイカ》」などがあり、明治・大正期の文人が使った。「函丈」とは、師と自分の間に一丈（約三メートル）の間をあけてすわるということ。「猊下」は、「猊座下《ゲイザカ》」の略。「猊」とは、獅子のこと。仏を人の世界の獅子として尊敬して仏のそば近くにいますということから、高僧に対する敬称や脇付。なお、会社・団体など個人名以外の宛名の下に添える語として「御中《おんチュウ》」がある。「中」は、その中にあるものの意。「その中のどなたか」に差し上げるという意。

＊【脇付】　「机下」と同じ意で、「案下・玉案下」がある。「案」も「机」と同じ意味。「硯」「研」はすずり。机を南向きに座ると人は硯の北側にいることから。

漢字の径《こみち》⑨

「六書」とはなんだろう

「六書」は、許慎が漢字の成り立ちを六分類したもので、漢字の造字法の基本となっている。

(一) 象形文字 日・月などのように、事物の形を描いて簡略化した絵文字。

(二) 指事文字 絵としては書きにくい一般的な事態を、抽象的な約束や印であらわした字。一・二・三などの数字や、平面上に一印を付けた⊥→上や、平面の下を一印で示した⊤→下なども指事文字である。

(三) 会意文字 象形文字や指事文字を組み合わせたもの。許慎のあげた武(戈+止)や、信(人+言)などの字がそれである。

(四) 形声文字 許慎のいうとおり「氵《サンズイ》+音符工」→江や、「氵+音符可」→河のように、片側に発音をあらわす音符を含み、他方にそれが何の事態に関係するかを示す偏(または旁《つくり》)をそえたものである。

(五) 転注文字 命令を意味する語が、やがて命令を出す人→長官の意に転じて、長という語となったような場合をいう。県長=県令の関係が生じ、「令とは長なり」と注釈できるようになる。つまり、意味の転化によって互いに注釈し合えるようになる言葉のことである。厳密にいえば、これは語義の転化ということで、漢字の造字法ではない。

(六) 仮借文字 ぎざぎざの刃のついた戈《ほこ》を描いた我《が》という字を、一人称代名詞の「ガ」に当てるように、同音の当て字のことである。これも漢字の使い方に関係する問題である。

*「転注」「仮借」の解説は、清朝の二人の考証学者、段玉裁(ダンギョクサイ)・戴震(タイシン)の修正説によって説明し直したものである。

◎参考文献一覧

（本書で参考にした図書。ただし、一般的読み物・雑誌・紀要は割愛した。書の配列は成立・刊行年順）

一　日本の古辞書・古語辞典

書名	編著者	成立・刊行年	出版社
和名類聚抄	源順	九三四頃	臨川書店
色葉字類抄	橘忠兼	一一八〇頃	風間書店
字鏡集	菅原為長	一二四五頃	風間書店
類聚名義抄（観智院本）	未詳	一二五〇頃	風間書店
名語記	経尊	一二七五	勉誠社
塵袋	不詳	一二八八頃	勉誠社
伊呂波字類抄（十巻本）	橘忠兼	一三一二	風間書店
下学集	東麓破衲	一四四四	新生社
壒嚢集	行誉	一四四六頃	臨川書店
撮壌集	飯尾永祥	一四五四	風間書店
温故知新書	大伴広公	一四八四	風間書店
運歩色葉集	未詳	一五四七頃	風間書店

節用集大系	未詳	江戸時代	大空社
邦訳日葡辞書	イエズス会宣教師	一六〇三	岩波書店
東雅	新井白石	一七一九	吉川半七
増補語林和訓栞	谷川士清	一七七七	名著刊行会
増補俚言集覧	太田全斎	一八〇〇	大空社
言元梯	大石千引	一八三四	早稲田大学図書館
俗語考	橘守部	一八四一頃	東京美術
江戸語大辞典	前田勇	一九七四	講談社
角川古語大辞典	中村幸彦他	一九八二	角川書店
小学館古語大辞典	中村祝夫他	一九八三	小学館
時代別国語大辞典（室町時代編）	室町時代語辞典編集委員会	一九八五～	三省堂
岩波古語大辞典（補訂版）	大野晋他	一九九〇	岩波書店
江戸語辞典	大久保忠国他	一九九一	東京堂出版

二　日本の近代・現代国語辞典

書名	編著者	成立・刊行年	出版社
日本大辞書	山田美妙	一八九二	大空社
大言海	大槻文彦	一九三二	冨山房

大辞典	守随憲治他	一九三四	平凡社
新潮国語辞典――現代語・古語（第二版）	山田俊雄他	一九九五	新潮社
広辞苑（第六版）	新村出	二〇一一	岩波書店
大辞林（第三版）	松村明	二〇〇七	三省堂
日本国語大辞典（第二版）	市古貞次他	二〇〇〇	小学館

三　日本の現代漢和辞典

書名	編著者	成立・刊行年	出版社
大字典（縮刷版）	上田萬年他	一九二〇	啓成社
漢字語源辞典	藤堂明保	一九六五	学燈社
新字源（改訂版）	小川環樹他	一九六八	角川書店
学研漢和大字典	藤堂明保	一九七八	学習研究社
大漢和辞典（修訂版）	諸橋轍次	一九八四	大修館書店
字統（普及版）	白川静	一九九四	平凡社
字訓（普及版）	白川静	一九九五	平凡社
大修館漢語新辞典	鎌田正・米山寅太郎	二〇〇〇	大修館書店
学研新漢和大字典	藤堂明保他	二〇〇五	学習研究社

全訳漢字海（第三版）	戸川芳郎他	二〇一一	三省堂
漢字ときあかし辞典	円満字二郎	二〇一二	研究社

四　現代中国の漢字辞典・中日辞典・日中辞典

書名	編著者	成立・刊行年	出版社
漢語大詞典	漢語大詞典編集委員会	一九六四	漢語大詞典編纂処
漢語大字典	漢語大字典編輯委員会	一九八六	四川辞書出版社
中日大辞典（増訂版）	愛知大中日大辞典編纂所	一九八六	大修館書店
日中辞典	商務印書館・小学館	一九八七	小学館
中日辞典	商務印書館・小学館	一九九二	小学館
辞海（彩图本）	辞海編輯委員会	一九九九	上海辞書出版社
現代漢語詞典（第六版）	中国社会科学院編輯室	二〇一二	商務印書館

五　日本の仏教語辞典

書名	編著者	成立・刊行年	出版社
仏教語大辞典	中村元他	一九八一	東京書籍
日本仏教語辞典	岩本裕	一九八八	平凡社
岩波仏教語辞典（第二版）	中村元他	一九八九	岩波書店

六　日本の百科事典

書名	編著者	成立・刊行年	出版社
和漢三才図絵	寺島長安	一七一二	平凡社
日本家庭百科事彙（改訂増補版）	芳賀矢一他	一九一二	冨山房
大百科事典		一九三一	平凡社
古事類苑	神宮庁	一九六九	吉川弘文館
日本大百科全書		一九八四	小学館
新世界百科事典		一九八八	平凡社
グランド現代百科事典（改訂版）		一九九〇	学習研究社

七　語源辞典・特殊辞典・考証随筆

書名	編著者	成立・刊行年	出版社
日本釈名	貝原益軒	一七〇〇	国書刊行会
東雅	新井白石	一七一九	吉川半七
物類称呼	越谷吾山	一七七五	岩波書店
諺苑	太田全斎	一七九七	新生社
嬉遊笑覧	喜多村信節	一八三〇	吉川弘文館
守貞漫稿	喜田川守貞	一八五三	岩波書店

和英語林集成	ヘボン	一八六七	講談社
改訂増補哲学字彙	井上哲次郎他	一八八四	笠間書院
日本外来語辞典	上田萬年	一九一五	三省堂
明治事物起原（増補改訂）	石井研堂	一九四四	春陽堂
民俗学辞典	柳田国男	一九五一	東京堂出版
隠語辞典	棋垣実	一九五六	東京堂
近世上方語源辞典	前田勇	一九六四	東京堂出版
総合日本民俗語彙	柳田国男他	一九七〇	平凡社
角川外来語辞典（増補版）	荒川惣兵衛	一九七七	角川書店
国史大辞典	国史大辞典編集委員会	一九七九	吉川弘文館
日本語語源辞典	村石利夫	一九八一	日本文芸社
故事・俗語ことわざ辞典	小学館	一九八二	小学館
職人ことば辞典	井之口有一	一九八三	桜楓社
明治大正新語俗語辞典	樺島忠夫他	一九八四	東京堂出版
暮らしのことばの辞典	佐藤喜代治	一九八五	講談社
明治のことば辞典	惣郷正明他	一九八六	東京堂
日常語語源辞典	鈴木棠三	一九九二	東京堂出版
有斐閣法律用語辞典	内閣法制局	一九九四	有斐閣

語源の辞典	北嶋廣敏	一九九五	日本実業出版
日常語の意味変化辞典	堀井令以知	二〇〇三	東京堂出版
日本俗語大辞典	米川明彦	二〇〇三	東京堂出版
語源大辞典（十二版）	堀井令以知	二〇〇五	東京堂出版
語源海	杉本つとむ	二〇〇五	東京書籍
衣食住語源辞典	吉田金彦	一九九六	東京堂出版
日本語源辞典	前田富祺	二〇〇五	小学館
暮らしのことば新語源辞典	山口佳紀他	二〇〇八	講談社
新明解語源辞典	小松寿雄他	二〇一一	三省堂

八　日本の専門書

書名	編著者	成立・刊行年	出版社
国語の中に於ける漢語の研究（改訂版）	山田孝雄	一九五八	宝文館
近代訳語考	広田栄太郎	一九六九	東京堂出版
近代語の成立――明治期語彙編	森岡健二	一九六九	明治書院
日本の漢語	佐藤喜代治	一九七九	角川書店
漢語史の諸問題	尾崎雄二郎	一九八八	京都大学人文科学研究所

漢語と日本人	鈴木修次	一九九五	みすず書房
日本漢語	柏谷善弘	一九九八	汲古書院
近代漢字表記語の研究	田島優	一九九八	和泉書院
和製漢語の形成とその展開	陳力衛	二〇〇一	汲古書院

九　全集

書名	編著者	成立・刊行年	出版社
日本古典文学大系（一期・二期）		一九五七	岩波書店
中国詩人選集（一期・二期）		一九五八	岩波書店
新訂中国古典選		一九六五	朝日新聞社
漢文大系		一九七〇	冨山房
日本古典文学全集		一九七〇	小学館
新潮日本古典集成		一九七六	新潮社
全釈漢文大系		一九八〇	集英社
中国の古典		一九八五	学習研究社
新日本古典文学大系		一九八九	岩波書店

あとがき

本書が出版されるようになった経緯を記しておきたい。

十数年前の土曜日の午後、ＮＨＫラジオ第一放送の「辞典ワンダーランド」という番組に出演して、二人のアナウンサーと辞典づくりのエピソードについて一時間対談した。その一か月ぐらい後、同じくＮＨＫの「ラジオ深夜便」の番組で三回、「辞典のことば」について放送したものが切っ掛けである。その放送を聴かれた出窓社社長の矢熊晃氏から現在の漢字教育に関する企画の相談があり、執筆することを約束した。

しかし、その後、郷里の家の事情と持病の腰痛のため、執筆がかなわなくなり不義理を重ねてしまった。当時、学習研究社から出版されていた月刊漢字クイズ雑誌に毎月、「漢字雑記帳」というテーマでコラムの連載をしていた。三年半続けた後、機会があったらまとめて単行本にしたいと考えていたが、郷里での予期せぬ仕事に追われ、そのままになっていた。そんな時、二社の出版社から「漢字雑記帳」の出版の話が持ちこまれた。しかし、私としては、不義理をした出版社から出す責任があるので矢熊氏に事情を申し上げ、企画検討をお願いしたところ、承諾をいただき、本書の刊行が、実現することになったのである。その間、長期の約束不履行をご海容下さった矢熊氏に対し、お詫び申し上げる。

本書の執筆にかかったとき、たまたま三浦しをんさんの小説『舟を編む』が映画化され話題となった。新聞社と雑誌社の旧友から、筆者の三十数年の辞典編集者生活を顧みての感想を求められた。作品に感銘を受けると同時に、大手出版社の恵まれた環境下の辞典編集室の話として、空しい羨望を感じた。楽屋落ちの話は慎むべきであると教えられてきた。

辞典の編集とは、資料と対峙する個人の孤独な感性との葛藤である。編集者はあくまでも舞台の上では黒子である。映像化による華やかな表舞台にだけ着目することのないことを念じないわけにはいかなかった。

小書によって、日本語と漢字の関係について関心を持っていただける人が、少しでも増えることを願っている。

著 者　川口久彦（かわぐち・ひさひこ）

1933年、甲府市に生まれる。大学卒業後、編集者として出版社に勤務。勤務の傍ら、東京大学文学部中国文学科特別研究生として藤堂明保先生に師事する。『学研漢和大字典』『漢字源』『学研古語辞典』などの辞字典、『中国の古典全集』『老舎小説全集』『照葉樹林文化』などの編集長。退職後、月刊俳句誌「天為」の編集長。現在、郷土文化同人誌「中央線」の編集長。山梨郷土研究会会員、山梨ことば会会員。

写真提供：福井県教育庁 生涯学習・文化財課（p23）

本文イラスト　ナシエ　http://www.nashie.com
図書設計　辻 聡

DMD

出窓社は、未知なる世界へ張り出し
視野を広げ、生活に潤いと充足感を
もたらす好奇心の中継地をめざします。

学び直しの日常漢字

知っていそうで知らない語源の話

2014年7月14日　初版印刷
2014年8月12日　第1刷発行

著　者　川口久彦

発行者　矢熊 晃

発行所　株式会社 出窓社
東京都国分寺市光町 1-40-7-106　〒185-0034
TEL 042-505-8173　Fax 042-505-8174
振　替　00110-6-16880
印刷・製本　シナノ パブリッシング プレス

ISBN978-4-931178-85-4